在日本
in JAPAN

毛丹青
主编

自由北海道
ほっかいどう

上海文化出版社

图书在版编目（CIP）数据

在日本·自由北海道 / 毛丹青主编.--上海 ：上
海文化出版社，2019.1
ISBN978-7-5535-1442-0

Ⅰ．①在… Ⅱ．①毛… Ⅲ.①旅游指南－北海道
Ⅳ.①K931.39
中国版本图书馆CIP数据核字(2018)第289425号

出 版 人：姜逸青
策　　划：李渊博　杨　婷
特约编辑：曹人怡

责任编辑：郑　梅
装帧设计：李泽概

书　　名：在日本·自由北海道
作　　者：毛丹青　主编
出　　版：上海世纪出版集团 上海文化出版社
地　　址：上海市绍兴路7号 200020
发　　行：上海文艺出版社发行中心
　　　　　上海绍兴路7号 200020 www.ewen.co
印　　刷：浙江海虹彩色印务有限公司
开　　本：787×1092　　　1/16
印　　张：10.25
印　　次：2019年1月第一版 2019年1月第一次印刷
书　　号：ISBN　978-7-5535-1442-0/K.174
定　　价：39.80元
告 读 者：如发现本书有质量问题请与印刷厂质量科联系 T：0571-85099218

[自由北海道]

主编 / 毛丹青
出品人 / 李渊博   主编助理 / 曹人怡   视觉设计 / 李泽概
特别鸣谢 / 高田英基、田元百合子、田霞、伊藤日实子、杨安琪

Text／丁小猫　　Photo／丁小猫、石杨、吴勇

因为人们在这里
所以我们在

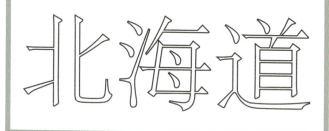

北海道

第三次来北海道，终于赶上漫天大雪。抵达那日，沿途经过积雪覆盖的村庄，面对下午四点的落日，不假思索地感叹道："不会错了，这是三年前我离开北海道那天的夕阳。"

那日晚饭过后，从千岁回札幌的大巴上，城市的灯光偶尔一闪而过，常常是暗夜。在暗夜中也能看见高速公路旁厚厚的积雪，不久后飘起雪来，是只有北国才有的大片雪花。听说，北海道从每年11月开始下雪，整整持续半年，这阵子到了清晨，每天气温低至零下20摄氏度，积雪彻夜不化。北海道的雪有个名字叫"钻石雪"，如同粉末一般细碎松散，无法捏成雪球，也不会沾在手心，在阳光下散发着耀眼的光芒。

如同雪是寂静的，北海道似乎是永恒不变的，北国的土地有种奇怪的魔力，令人缓缓浮起一种感觉，以为时间从未在这里经过。从前的人说，这样的北海道是故事开始和结束的地方；从前的人也说，这样的北海道是人和人相遇的地方。它固然拥有令人屏息无言的壮阔自然，但能够令这无声自然演变为记忆中一个片段的，终归还是那些故事和故事里的人。

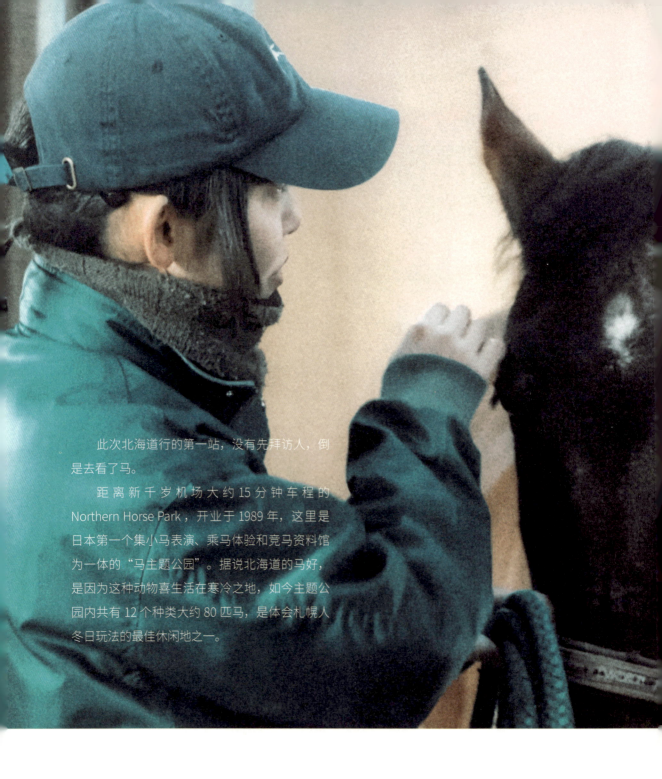

此次北海道行的第一站，没有先拜访人，倒是去看了马。

距离新千岁机场大约 15 分钟车程的 Northern Horse Park，开业于 1989 年，这里是日本第一个集小马表演、乘马体验和竞马资料馆为一体的"马主题公园"。据说北海道的马好，是因为这种动物喜生活在寒冷之地，如今主题公园内共有 12 个种类大约 80 匹马，是体会札幌人冬日玩法的最佳休闲地之一。

在人和动物之间，有一些牵绊和约定

在 Northern Horse Park，见到了出生于 1995 年到 Cherry 酱，22 岁的它如今已经是个老人了，孩子也都一直在这里工作，连 3 岁的孙子也开始在练习让客人骑乘了。Cherry 酱的马厩门口挂着一个小牌子，并不是生硬简单的动物资料，而是非常生动可爱的介绍，关于它有趣的生活习性，例如吃饭时颇有怪癖，竟然把孩子的脊背当作饭桌来使用之类——若非出于长久共同生活产生的感情，很难写得出这样的文字来吧？

Cherry 酱的饲养员胜文子なつき已经在这里工作 12 年了，她说自己原本就很喜欢动物，于是考进了专门学校，然后来到北海道工作。起初她是有些害怕马的，但如今呢？"最初不能做的事情最后做到了，当客人因为骑马而感到开心的时候，是自己人生中觉得快乐的时候。"也是从なつき那里听来的，一匹马的工作年龄大约是 3 岁到 24 岁之间，相当于人类从青年到老年，它们在冬日里每天工作一个半小时，夏季就延长至两个小时，再多就会搞坏身体。而在不远处的 PONY 表演场，专门负责逗乐客人的小马则非常聪明，训练两天就可以跳圈，三个月之后就学会踢足球了。

长吉田善哉最初创建的是名叫社台牧场的竞马培育场。Northern Horse Park 里有一间小小的资料馆，将日本竞马与北海道的历史梳理出了清晰的脉络，在那里我看到这样一个句子："因为马在这里，所以我们在这里。"以及吉田善哉的另一句名言："竞马是人间的牵绊。"

在我走过的日本各地，只有在北海道，人和动物之间有着尤为浓烈的感情牵绊。在 Northern Horse Park 里工作的人，各自有着清晰分工：小马从出生至六个月，属于诞生和离乳阶段，需要专门负责繁殖的工作人员；从六个月到一岁零八个月，转移给负责中间阶段的育成工作人员；一岁零八个月之后，则由负责骑乘训练的调教工作人员来接手。

这是从竞马时代就传承下来的系统："为了让竞马变得强大，马和人的关系密不可分，生产者、马主、调教师、厩务员，甚至享受竞马乐趣的人……每个人带着各自的角色融入各个环节之中，产生了很大的牵绊，这才是竞马令人感动的地方。"

人和动物的关系在北海道之所以亲密，大抵也因为这种关系的冲突性比其他任何地方更加剧烈。不久后在道东的知床观光中心，我看见了两条人与动物的约定，其中一条"和棕熊的约定"中写道：

请以声音、响动或是夸张的动作来提醒棕熊这里有人；

不要靠近虾夷鹿的尸体等棕熊的食物；

不要牵狗出行，会让棕熊兴奋；

如果不幸遇到棕熊，不要跑不要逃，不要大吵大闹；

绝对不能喂食棕熊，会培养它们的恶习。

扫描二维码同步收看
《北海道·前篇》视频

这样的"约定"，不仅是为了防止人身事故，不让人类因为无知被棕熊袭击，更有一份对动物无辜生命的怜悯。棕熊作为北海道体积最大的陆地动物，在知床半岛上就栖息着超过二百头，是世界上棕熊栖息密度最高的地区。"棕熊"的日语写作"ヒグマ"，这个词在原始的阿伊努语里是"山之神"的意思——它不是一种危险的猛兽，而是具备了超越人间力量的神明化身，必须待之以敬畏之心。

在知床观光中心的厕所里，我还读到了另外一个故事，在厕所的墙壁上贴着故事是头一回见到，何况还翻译成了日文、英文、中文三个版本。应该是期许更多人能够读到这个故事，才故意张贴在这人流量大，可以集中阅读的地方吧。

故事的名字叫"投食物给熊，就等于是杀害熊"，写了一头外号叫"香肠"的棕熊的悲惨结局：

"编号 97-B 是一头母熊，外号叫'香肠'。最初见到它是在 1997 年秋天。那时它刚刚离开妈妈开始独立生活。第二年夏天，它的身影时常出现在车来车往的国立公园入口附近。不久传来一个意想不到的消息，有游客向它投掷了香肠。从此它的行为变得和一般的熊完全不同了。从把人和汽车视为要警惕的对象，变成一看到人和汽车便联想到美味的食物。于是它经常在路边出现。因此吸引许多人停车观看她，它也变得越来越不惧怕人。

我们感到这是一个非常危险的征兆。因为我们知道以前在北美的国立公园，曾经发生过被人喂过的熊为了抢夺食物而致人伤亡的悲惨事件。我们拼命地持续把它往森林里赶，对它进行严厉教训，让它学习不要接近人。可是，它仍然悠闲地步出森林。

第二年春天，它开始进入市区。看它悠闲地走来走去，真担心万一碰到人不知道将会发生什么样的情景。有一天早上，发现它在小学校园旁吃一头死鹿。因为马上就要到孩子们上学的时间，在此之前必须当机立断，采取果断措施结束一切。我持枪一边靠近它一边把子弹装上膛。透过瞄准镜看到它最后一刻露出惊愕的表情。随着震耳欲聋的枪声，它一头栽倒在地。由于子弹巨大的冲击力，她几乎毫无挣扎。眼睛里那炯炯有神的光渐渐消失了。

它出生在知床的森林，本应该再回到那里。仅仅因为一根香肠便开始失去了自控能力。也许您只是无意，或出于开心投掷食物给了熊，但是，这会给很多人带来危险，并让无辜的动物失去宝贵的生命。请您认真地想一想，三思而后行！"

在人和棕熊的遭遇中，受害者不只是人类，也请站在棕熊的立场上想一想，这是北海道人在长期和动物的朝夕相处中才会产生的思考观。人和动物的关系是人和自然的关系，是人和地球的关系，更是人和人的关系——现代人和未来人的关系。

于是那第二条约定，便称之为"和未来的约定"：不要喂食野生动物；不要在道路以外的地方步行；不要采摘、威胁、伤害和带走动植物；把垃圾带走；不要带宠物外出步行；不要在步行道上边走边吃；不要在野外烹饪；不要靠近和刺激棕熊；控制车的速度；不要妨碍渔业活动。

为什么非得做这些事情不可呢？"作为世界遗产的自然，给我们带来了巨大的感动。我们当然有享受这样美妙自然的权利，但同时，为了将来有更多人和我们得到同样的感动，我们也有守护知床的自然的义务。"

西山制面的年轻人

　　西山制面的食堂里摆着一个老式屋台,这间札幌最有名的拉面厂的历史就是从那里的一台小推车开始的:1947 年的二条市场附近,傍晚总有一个男人推着小车卖拉面,在物质匮乏的年代,以豚骨熬制的汤底里漂浮着高热量的猪油,温暖了冬夜里赶路的人们的身心,颇受欢迎。随着这间名叫"たま軒"的屋台人气越来越高,店主西山仙治终于将自己在老家富山县的表兄西山孝之也召唤到了札幌,于1953 年开设了西山制面厂。六十多年过去了,如今西山制面每天要生产 20 万份生拉面,在北海道已是大名鼎鼎的存在。

　　西山拉面是只能在札幌生产的拉面，在制面这件事上，清澈柔软的水质尤为重要，寒冬冰雪融化后形成的干净的地下水，正是札幌所拥有的自然资源。西山拉面的特色之一还在于它是黄色的，这是初代社长西山孝之出于美味和营养的考虑，有了往面中加入生鸡蛋蛋黄的创意，如今已被维生素 B2 和菜籽油代替。西山拉面又比其他拉面更加弯曲，亦是因为创业之初时札幌地区的拉面因为太厚而不挂汤，容易从筷间滑落，为了让人们更好地夹住面条，西山孝之找到了札幌一个机器厂家合作，改良了设备，终于研究出了今时今日的西山拉面。

拉面在日本的历史仅仅只有 300 年，算不上很长的时间，札幌拉面的历史则更短，是从二战后才自成一派的。但如今札幌拉面在日本全国都很有名，油大汤浓、味噌口味、用平底锅炒一份蔬菜铺上，都是它独有的创造力。和本岛那些号称百年秘方的拉面老店不同，札幌人不在乎这个，它不是祖传的，而是人们共同开发的崭新食物，有了新秘方大家就彼此分享，没有什么保密的必要。"札幌拉面是札幌市民参与的食文化，这是札幌拉面和其他拉面不同的地方。"今天的西山社长是这么说的。

札幌拉面不仅是市民参与的产物，甚至变成了写进了小学课本里重要的北海道食文化。我在西山制面厂看到一册札幌市小学三年级的社会课本，其中一节写了北海道食物的历史，事无巨细地描述了拉面厂的工作，从制作拉面的各道流程，到工人制作拉面的辛劳和功夫，再到通过何种手段送往哪里，让札幌的孩子从小了解自己的食文化，据说是要作为社会课考试内容的。

"我当年考试的时候，也没能完全答对呢！"在制面厂的食堂里，西山社长笑着说。那天是我有生以来第一次和拉面社长一起吃味噌拉面，因为太过好奇是否有什么美味吃法的秘诀，一直偷偷注意着他，他吃面的顺序稍稍有些奇怪：先吃几口面，然后喝汤，然后是叉烧，然后再把面全部吃完，最后只剩一个半熟鸡蛋漂在汤里。

"讨厌鸡蛋吗？"试着这么问了，西山

社长回答："不是哦，非常喜欢。因为喜欢，所以总是留在最后才吃。"后来我真的得到了一个秘方："其实味噌拉面里，加上一片芝士会变得非常好吃。"

给我们煮面的是西山制面厂年轻的工作人员，动作利落娴熟，颇有专业风范。如今年轻的日本男人还拥有煮面的技能吗？心里很是惊讶，打听之下，才知道这个 27 岁的年轻人原来是社长的儿子，名叫西山彰彦，之前在美国的大学学习人际关系和心理学，毕业后回到札幌，如今正在进行拉面修行。

"已经去过了广阔世界，为什么还要回到这个狭小的世界呢？"我问西山彰彦。

"我啊，从还是个孩子的时候就一直憧憬在制面厂工作。"西山彰彦毫不掩饰对西山拉面的自豪，"现在也想好好学习拉面的事情，修行完毕后还打算再回到美国，未来想要管理西山制面在美国的支社。"

那天我们离开时，西山拉面的后院里有两株花楸树结出了可爱的果实，在白雪皑皑里红艳艳的，充满了热情。我常听人抱怨如今的日本年轻人对海外事物毫不关心，性格过于保守，然而在北海道却能与西山家的年轻人相遇，既拥有国际化的思维，对家族和传统亦会珍惜的年轻人。我久久地看着那两株火红的花楸树，总觉得在西山制面厂看到了一种未来。

島宮先生的美味寿司

扫描二维码同步收看
《北海道·后篇》视频

"不喜欢吃生鱼片吗？三天后预约了札幌第一美味的寿司店哟，怎么办？"此行陪同我们的札幌市役所北京事务所长高田先生第一力荐的店，是创业于1971年的"すし善"。

　　于是三天后，便成了我爱上寿司的第一天，无论吞拿鱼、鲱鱼、三文鱼子还是海胆，都是当天从北海道捕捞的新鲜货，甘甜温润，拥有令人流下泪来的惊艳口感。我几乎是以一种不可思议的态度查了日本的大众点评网站"食べログ"，才发现这家店竟然拥有近四分的超高评价，食客们念念不忘的不仅是那带有温度感的寿司，还有酒造特别为店里订制的冷酒雪乃华，装在翠绿色的竹筒酒壶和酒杯中，似乎也沾染上淡淡的竹香，唇齿留香。高级寿司店的食器都是讲究的，因为北海道不出产好的陶器，都是从京都专程订购的。

　　"すし善"不仅是北海道的名店，在整个日本都有代表性。店主岛宫勤是日本厚生劳动省"现代名工"和"黄绶褒章"的获得者，被誉为"代表日本寿司的第一人"。他如此解释自己当初开店的初衷："并不只是简单的手握寿司这件事，而是利用江户前的技术，活用北海道超级好的食材，通过烧、蒸、煮、渍等方法，让北海道人能吃到最好的寿司。"

日本是面积狭长的国家，各地能捕获的鱼类特征各不相同，虽然每个地域都有自己引以为豪的海鲜，但生息在北海道寒冷海域的鱼类往往最为肥美。"只能在本地吃刚刚捕捞的，拿到别的地方就不好吃了，如今正是冷的时候，海胆和螃蟹最好。"岛宫先生对我们说。他今年75岁了，从事做寿司这项工作已经60年，几乎是一生。

听闻我们从中国来，岛宫先生陷入了回忆："其实，30年前健桑经常来店里，就坐在那个位置哦。他还曾说过什么时候要带张艺谋导演一起来，可惜还没来得及，健桑就已经去世了……"

"健桑？"
"高仓健桑。"

作为北海道最为有名的人，高仓健的身影几乎无处不在。在"すし善"的影集里，他是以一种极为私人的状态，留下了很多和岛宫先生的合影，两人都还是青春的神色。

"健桑最喜欢的寿司是什么？"
"那个人啊，其实不怎么喜欢寿司，喜欢中华料理啊。"

高仓健第一次来到"すし善"已经是四十多年前的事情，彼时他回北海道拍戏，被和店主关系很好的编剧仓本聪带着来的。不知为何高仓健很中意店里的气氛，之后常常一个人来吃。还有一个八卦是：在很多高仓健主演的电影里，常常能找到岛宫先生的身影。据说是一次偶然的机会，去拍摄现场探班的岛宫先生被导演一眼看中，从《车站》到《萤火虫》，其间的电影基本上都出演了，不只是露个脸跑个龙套哦，每个角色都是有台词的。又听说多亏如此，岛宫先生变成一个擅长演讲的人，"比起演戏，讲话可是简单太多了。"

比高仓健还要早五年，大作家五木宽之也偶尔会来店里，还在自己为《周刊朝日》写的专栏文章中专门推荐了此店："如果去札幌的话，有一间经常去的寿司店，无论什么时候都不会令人失望。"彼时"すし善"正值经营困难的时期，多亏了这篇文章，营业额一下子上去了。画家平山郁夫也是店里的常客，还专门给店画过招牌画呢。

如今在"すし善"里，负责制作料理的是岛宫先生一手培养起来的年轻师傅，培养年轻的寿司职人，是他现在更着急要做的事情。那天给我们捏寿司的职人，已经做这份工作30年了，依然觉得做寿司是很难的事情，还有很多要学习的地方。"如果我捏出来的寿司还跟10年前一样，我的客人不会因此而满意，所以我每天都在想，怎样让我的寿司比昨天更好吃。比起今天，明天的寿司要更好吃才行。要保持鲜度，要无限接近原味，要稍有一些甜味，生鱼片也好，米饭也好，这些都是很重要的事情。"

　　店里还有一个只有 18 岁的年轻孩子，整晚在一旁默默打杂，他已经学习了三年，对寿司职人来说这还只是刚刚开始，至少要练习十年以上，才能独挡一面。谁说现在的年轻人对传统文化没有兴趣呢？不过是缺乏契机罢了。他就是因为崇拜岛宫先生，才决心进入寿司的世界的。

　　岛宫先生选取徒弟的标准，可浓缩为一句简单的话：
"拥有真心的人。"拥有真心和热忱的年轻人，他一眼就
能看出来，几乎没有误判。

　　之于寿司的真心是什么呢？很久之前，一位美国记者
问岛宫先生："你的手握寿司和回转寿司有什么区别？"

　　"我的寿司是专门为你而捏的啊。回转寿司不为任何
人，只是机器随意制作出来的东西而已。这就是不同之处。"

因此在寒冷的北海道，即便是生食的寿司，也拥有了温度。那温度来自双手，更来自内心。像每一次告别一样，岛宫先生送我们离开，在挥动双手告别时，会冷不防对我说一句："要加油哦。"我置身于一个大雪天送客的场景之中，在关上出租车门的一瞬间，感觉到了在寒冷的北海道才会涌起的温暖。

是从札幌市役所的田元小姐那里听来的："比起东京，北海道人更喜欢住在札幌，东京人太多，札幌人少，不必为了挤地铁担心，居住起来也舒服。"整个北海道共有 530 万人，其中 195 万人住在札幌，后来去拜访副市长，也从他那里听到了对札幌的眷恋："每次从东京出差回到札幌时，总会升起一种'空气果然是不一样呢'的感觉，尽管很冷。"

札幌人确实以居住在这城市而自豪，从雕刻在市政府门口的《市民宪章》就能看出，上面写道："我们是拥有时计台的札幌的市民。元气满满地工作，建造丰裕的城市吧。天空也好，道路也好，草木也好，水也好，建造有魅力的城市吧。好好地遵守规范，建造居住舒适的城市吧。为拥有未来的孩子们，建造幸福的城市吧。

"建造和世界相连的，具有很高文化的城市吧。"

唯一有一点，对于那些从道东来到札幌的北海道人来说，也许不会太赞赏札幌的食物。当我们在知床吃着一碗厚厚的螃蟹海胆盖饭时，出生于纹别的田元小姐就斩钉截铁地说："札幌的海鲜不是不太好吃，是根本不好吃。"

道东的海鲜最为知名，冬天网走温泉旅馆里的螃蟹令人向往不已。其实网走还有另一道奇妙的知名美食：监狱套餐。因为高仓健主演的电影《网走番外地》而广为人知的网走监狱，作家妹尾河童曾经两度拜访这里，并将一篇描写这里的文章《监狱里的 25 克》收录进了随笔集《边走边吃腌萝卜》中。妹尾河童初次拜访网走监狱时，一口气吃了三份监狱套餐里的腌萝卜，后来才知道自己吃得太多了：从前每个囚犯能吃到的腌萝卜也是按量供给的，一人份大约在 25 克左右。但是，"那里的腌萝卜真是美味，或许正逢流冰冰封鄂霍次克海的严寒时期，那腌萝卜咬起来特别清脆。"为此，妹尾河童后来又专程来了一次，不为别的，只为探究网走监狱腌萝卜的制作全过程。

是北海道啊，一年四季都好。

　　如今的网走监狱是一间博物馆，将
1890 年建成使用的网走监狱全貌，以当时
的状态向人们开放参观，这间世界上最古
老的木造监房，展现一种百年建筑之美，
加上主题公园的精巧设计，倒也十分有趣。
今天去网走监狱参观，也许还能吃到妹尾
河童喜爱的腌萝卜：门口的食堂里提供秋
刀鱼定食，完全再现了关押犯人时最受欢
迎的监狱餐，考虑了营养的均衡，主食是
七成米和三成麦煮成的饭，味噌汤、烤鱼
和副菜的二菜一汤搭配。那副菜，兴许就
是腌萝卜了吧。

　　2019 年北海道即将迎来开拓 150 周年纪念，这时你最好来看看网走监狱，因为这间监狱的历史，也是北海道开拓史的开端："明治初年，为了防备俄罗斯侵略的威胁，政府急于开发北海道，首务就是公路建设。当时明治政府为了关押政治犯，在北海道设立了桦户集体监狱、空知集体监狱、钏路集体监狱，后将这些囚徒作为劳动力用于修筑公路。由囚徒建造的公路全长达 724 千米。还有屯田兵居住的房屋 1474 栋，开垦土地面积 170 万平方米。有了这些准备，屯田兵和入植团得以进入北海道，开始了真正意义上的北海道开发。"1891 年，新建的网走监狱收容了 1200 名囚徒，作为从事连接北见到网走的中央公路开凿的劳动力，一条长 163 千米的公路，仅用了八个月就突击完成了。

我觉得道东最好的时刻是在雪地里。一个傍晚，我们一行人在空旷的雪地中走了 20 分钟，去看挂在悬崖边一条名叫"少女之泪"的瀑布，抵达时天色已经暗淡下来，又开始下起大雪，密密麻麻，山崖上灯塔的光忽闪忽暗，那瀑布已经冻结成一条蔚蓝色的冰柱。

我和田元小姐并肩站在雪地里，俨然已经成了雪人，不远处几只虾夷鹿静静地望着我们，彼此无言地对视着。世界又回归了寂静，人们常说雪落无声，可此刻连雪花飘落在身上，也发出了细微的沙沙声响。

"这样的雪，我们叫'しんしんと'，连本州人都不知道这个词。在北海道有很多用雪的声音命名的词，比如还有'さわだわ'。"

那天知床的雪越下越大，到了次日清晨终于演变成一场暴风雪，气象台也发出了警报，我们不得不放弃原有的行程，穿越白茫茫的世界折返札幌，却意外地看到了北海道最难忘的美景：在很长一段时间里，只有茫茫雪原，世界因为模糊不清而呈现出某种壮阔与无畏，那一刻你会感觉自己能放下一切，在这样的大雪天里。

　　暴风雪后，我们抵达了大仓山上的奥林匹克博物馆。那里有一个年轻人的旧照：45 年前札幌冬季奥林匹克运动会的开幕式上，正读高中一年级的高田先生手持火把，点燃了圣火台，那一年他刚刚 16 岁，被人们评价为"拥有当地的将来性的青年"。

　　此刻，这位努力想要把北海道的将来性告知更多中国人的传递者就站在我身边，像永恒的北海道时间里一个不变的片段，很是动情地对我说："东京和大阪，或许是夏天比较好，但是北海道啊，一年四季都好。"

稚内

宗谷线

留萌

留萌线

旭川

新十津川

深川

美瑛

富良野线

富良野

泷川

小樽

札幌

岩见泽

NISEKO

千岁线

新千岁机场

夕张

TOMAMU

带广

石胜线

长万部

室兰

登别

日高线

函馆线

大沼公园

新函馆北斗

木古内

函馆

道南ISARIBI铁道

样似

北海道干线

奥津轻今别

新青森

网走

川汤温泉

川网线

根室

钏路

室线

■	札幌—东室兰—函馆
■	札幌—旭川—网走
■	札幌—旭川—稚内
■	札幌—钏路
■	札幌—新千岁机场
■	札幌—小樽—长万部
■	札幌—北海道医疗大学
■	旭川—富良野
■	钏路—网走
■	泷川—新得

一份前往北海道的交通指南

中国出发

上 海 浦东国际机场	**札 幌** 新千岁机场	3 小时 30 分钟 时间
北 京 首都国际机场	**札 幌** 新千岁机场	3 小时 50 分钟 时间
南 京 路口国际机场	**札 幌** 新千岁机场	4 小时 时间
天 津 滨海国际机场	**札 幌** 新千岁机场	3 小时 20 分钟 时间
杭 州 萧山国际机场	**札 幌** 新千岁机场	4 小时 30 分钟 时间

日本出发 ✈

东 京 羽田机场	→	札 幌 新千岁机场		100 分钟 时间
东 京 成田机场	→	札 幌 新千岁机场		110 分钟 时间
大 阪 伊丹机场	→	札 幌 新千岁机场		120 分钟 时间
大 阪 关西国际机场	→	札 幌 新千岁机场		135 分钟 时间
名古屋 机场	→	札 幌 新千岁机场		100 分钟 时间
青 森 机场	→	札 幌 新千岁机场		50 分钟 时间
岩手花卷 机场	→	札 幌 新千岁机场		60 分钟 时间
秋 田 机场	→	札 幌 新千岁机场		60 分钟 时间
仙 台 机场	→	札 幌 新千岁机场		70 分钟 时间

新潟 机场	↘ 札幌 新千岁机场		75 分钟 时间
静冈 机场	↘ 札幌 新千岁机场		120 分钟 时间
福岛 机场	↘ 札幌 新千岁机场		80 分钟 时间
富山 机场	↘ 札幌 新千岁机场		95 分钟 时间
信州松本 机场	↘ 札幌 新千岁机场		100 分钟 时间
小松 机场	↘ 札幌 新千岁机场		105 分钟 时间
广岛 机场	↘ 札幌 新千岁机场		130 分钟 时间
冈山 机场	↘ 札幌 新千岁机场		135 分钟 时间
福冈 机场	↘ 札幌 新千岁机场		155 分钟 时间
冲绳 那霸机场	↘ 札幌 新千岁机场		240 分钟 时间

新干线

（列车名不同，时间有所差异）

东京站 ⟶ 新函馆北斗　　　　4 小时 2 分钟
时间

大宫站 ⟶ 新函馆北斗　　　　3 小时 38 分钟
时间

仙台站 ⟶ 新函馆北斗　　　　2 小时 30 分钟
时间

盛冈站 ⟶ 新函馆北斗　　　　1 小时 50 分钟
时间

新青森 ⟶ 新函馆北斗　　　　1 小时 1 分钟
时间

北海道各都市间的距离

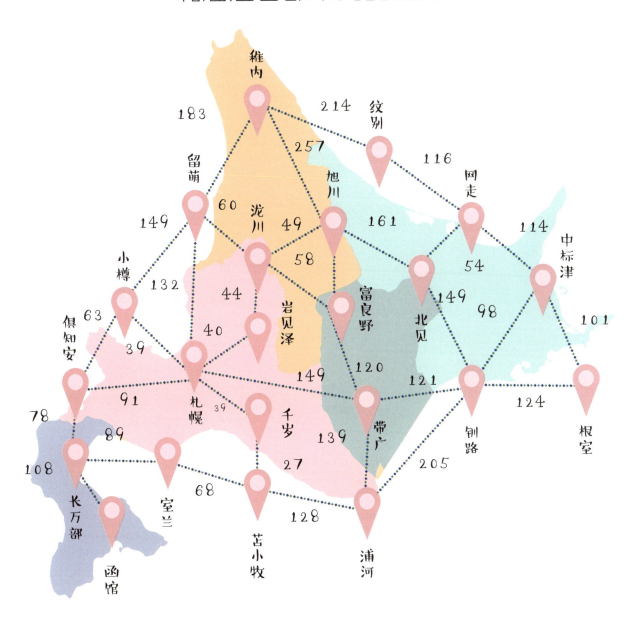

稚内

183

214 纹别

257

116

留萌

旭川

网走

149

60 泷川 49

161

114 中标津

小樽

58

54

132

44

富良野

北见 149

98

俱知安

63

40

岩见泽

101

39

120

121

78

91

札幌 39

149

带广

124

89

千岁

139

钏路

根室

108

室兰

27

205

长万部

68

128

浦河

函馆

苫小牧

北海道
道内路线图

● 凡例

 机场

━━━━ JR 列车

━━━━ 高速路

━━━━ 北海道新干线

━━━━ 东北新干线

━━━━ 在来线

━━━━ 道南渔火列车

雅内机场 ✈

雅内

利尻机场 ✈

羽幌

网走 ✈

女满别机场

旭川

北见 ✈

丘珠机场 ✈

美瑛 ✈

根室中标津机场 ✈

小樽 ✈

钏路机场

根室

札幌

带广

钏路 ✈

洞爷 ✈

新千岁机场 ✈

室兰

新函馆北斗

七饭

北斗

奥尻机场 ✈

函馆机场 ✈

木古内

函馆

新青森

吃 喝

旅 行 年 历

在春夏秋冬的北海道

玩 乐

1月 流冰初现

时令美食：八角鱼（12月至来年2月）、生蚝（12月至来年3月）、长枪乌贼（1月至5月）

当地活动：层云峡温泉冰瀑祭（1月至3月）

衣着建议：一年中最冷的时期，除基本防寒服外，里衣选择易穿脱类型，户外时一定要戴具有防寒效果的围巾、手套和帽子。

2月 享受冬天

时令美食：八角鱼（12月至来年2月）、生蚝（12月至来年3月）、长枪乌贼（1月至5月）

当地活动：札幌冰雪节（2月中旬）、小樽雪灯路（2月中旬）

衣着建议：外套选择长款，里衣选择易穿脱类型，户外时不要忘记戴围巾、手套和帽子。

3月 春季尚早

时令美食：生蚝（12月至来年3月）、毛蟹（3月至8月）、长枪乌贼（1月至5月）

当地活动：滑雪大赛（多个地区）

衣着建议：冰雪尚未消融，早晚温差大。选择易穿脱的衣服和防滑的鞋子。

4月 冰雪融化

时令美食：毛蟹（3月至8月）、长枪乌贼（1月至5月）

当地活动：洞爷湖烟火大会（4月至10月）

衣着建议：白天气温上升，夜晚依旧寒冷，选择稍薄的大衣或羽绒服。

5月 樱花盛开

时令美食：毛蟹（3月至8月）、长枪乌贼（1月至5月）、芦笋（5月至6月）

当地活动：松前樱花祭（5月中旬）、静内樱花祭（5月中旬）、东藻琴芝樱祭（5月至6月）

衣着建议：晴天温暖，但风依然强劲，请选择防风保暖的上衣。

6月 微萌绿意

时令美食：毛蟹（3月至8月）、芦笋（5月至6月）、蜜瓜（6月至9月）、海胆（6月至8月）

当地活动：挖蛤蜊体验（多个地区）

衣着建议：迎来北海道的夏季，白天只需穿一件，晚上需要再添一件外套。

7月 凉爽初夏

时令美食：毛蟹（3月至8月）、蜜瓜（6月至9月）、海胆（6月至8月）、玉米（7月至8月）

当地活动：札幌夏日祭（7月至8月）、北海肚脐祭（7月下旬）

衣着建议：和本州岛一致的夏日着装。如果有夜间去山上或湖边的行程，建议准备一件薄外套。

8月 短暂盛夏

时令美食：毛蟹（3月至8月）、蜜瓜（6月至9月）、海胆（6月至8月）、玉米（7月至8月）

当地活动：江差姥神大神宫渡御祭（8月9、10、11日）、函馆港祭（8月1—5日）

衣着建议：盂兰盆节后，早上和晚上的气温会有明显下降，建议准备外套。

9月 美味丰收

时令美食：蜜瓜（6月至9月）、牡丹虾（9月至11月）、鲑鱼（9月至11月）、远东多线鱼（9月至11月）、土豆（9月至11月）

当地活动：札幌秋日祭（9月8—30日）、大雪山红叶（9月至10月）

衣着建议：上旬还可以穿夏装，中旬之后建议全天穿外套。

10月 红叶来临

时令美食：牡丹虾（9月至11月）、鲑鱼（9月至11月）、远东多线鱼（9月至11月）、土豆（9月至11月）

当地活动：池田町红酒祭（10月1日）、阿寒湖秋藻祭（10月8—10日）

衣着建议：即将迎来冬天，建议准备毛衣和厚外套。

11月 迈入冰雪

时令美食：牡丹虾（9月至11月）、鲑鱼（9月至11月）、远东多线鱼（9月至11月）、土豆（9月至11月）

当地活动：札幌白雪灯光秀（11月至来年2月）

衣着建议：早晚呼吸时已经可以吐出白气，某些地区开始下雪，建议采取叠穿的方式保暖。

12月 闪亮冬日

时令美食：八角鱼（12月至来年2月）、生蚝（12月至来年3月）

当地活动：函馆圣诞灯光秀（12月1—25日）

衣着建议：12月中旬开始积雪，建议准备防风外套、帽子、手套和防滑鞋。

各区域温度总览

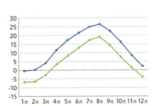

○ 最高气温 ▲ 最低气温

札幌

	1月	2月	3月	4月	5月	6月	7月	8月	9月	10月	11月	12月	年平均
最高	-0.6	0.1	4.0	11.5	17.3	21.5	24.9	26.4	22.4	16.2	8.5	2.1	12.9
平均	-3.6	-3.1	0.6	7.1	12.4	16.7	20.5	22.3	18.1	11.8	4.9	-0.9	8.9
最低	-7.0	-6.6	-2.9	3.2	8.3	12.9	17.3	19.1	14.2	7.5	1.3	-4.1	5.3

函馆

	1月	2月	3月	4月	5月	6月	7月	8月	9月	10月	11月	12月	年平均
最高	0.7	1.5	5.3	11.8	16.5	19.9	23.4	25.8	22.7	16.8	9.7	3.3	13.1
平均	-2.6	-2.1	1.4	7.2	11.9	15.8	19.7	22.0	18.3	12.2	5.7	0.0	9.1
最低	-6.2	-5.9	-2.6	2.6	7.5	12.1	16.6	18.7	14.1	7.4	1.4	-3.5	5.2

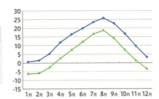

带广

	1月	2月	3月	4月	5月	6月	7月	8月	9月	10月	11月	12月	年平均
最高	-1.9	-0.6	4.0	11.9	17.6	20.8	23.5	25.2	21.5	15.6	8.0	1.1	12.2
平均	-7.5	-6.2	-1.0	5.8	11.1	14.8	18.3	20.2	16.3	10.0	3.2	-3.7	6.8
最低	-13.7	-12.6	-6.0	0.6	5.7	10.3	14.5	16.4	12.1	4.8	-1.5	-8.9	1.8

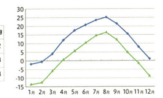

网走

	1月	2月	3月	4月	5月	6月	7月	8月	9月	10月	11月	12月	年平均
最高	-2.4	-2.5	1.6	8.9	14.2	17.2	20.8	23.4	20.2	14.8	7.4	0.7	10.4
平均	-5.5	-6.0	-1.9	4.4	9.4	13.1	17.1	19.6	16.3	10.6	3.7	-2.4	6.5
最低	-9.4	-10.1	-5.5	0.4	5.4	9.8	14.0	16.6	12.9	6.6	0.1	-5.9	2.9

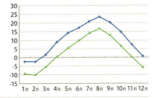

旭川

	1月	2月	3月	4月	5月	6月	7月	8月	9月	10月	11月	12月	年平均
最高	-3.5	-2.1	2.6	11.7	17.7	22.9	25.8	26.3	21.6	14.8	5.8	-0.8	11.9
平均	-7.5	-6.5	-1.8	5.6	11.8	16.5	20.2	21.1	15.9	9.2	1.9	-4.3	6.9
最低	-12.3	-12.7	-6.3	0.0	5.4	11.6	15.9	16.8	11.2	3.9	-2.0	-7.9	2.0

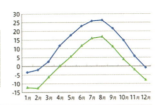

钏路

	1月	2月	3月	4月	5月	6月	7月	8月	9月	10月	11月	12月	年平均
最高	-0.6	-0.4	2.7	7.7	12.0	15.2	18.6	21.2	19.7	14.8	8.7	2.5	10.2
平均	-5.4	-4.7	-0.9	3.7	8.1	11.7	15.3	18.0	16.0	10.6	4.3	-1.9	6.2
最低	-10.4	-9.9	-4.9	0.3	5.0	9.0	12.8	15.5	12.3	5.5	-0.8	-7.1	2.3

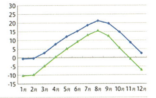

北海道让我们收获
心情的平静

毛丹青 /text

组织中国媒体团前后两回去北海道采风，我选择的都是冬季，而且是年底与年初，冰天雪地，寒气空灵。第一回是 2004 年 12 月底，邀请了中国作家莫言与我们同行，2012 年获得诺贝尔文学奖后，他描写的北海道也被广为流传，其中有关跨年倒计时的描写后来还被引用到他的长篇小说中。第二回是 2017 年 12 月底，我作为上海《在日本》杂志的主编邀请了中国年轻的媒体朋友参加，时隔 13 年，同样的采风却呈现出了不同的取向。与莫言同行更多的是围绕他的文学话题，因为我一直主张文学应该越境，所以从大自然与美丽景观的角度把握了整体的行程，最终策划出版了图文书《莫言·北海道走笔》，2006 年由上海文艺出版社出版。

2004 年其实是日本当时的小泉内阁宣布"观光立国"的第二年，从 2003 年访日的外国游客超过 520 万人到 2016 年突破 2400 万人，这个数据也许是让我们采风的取向发生变化的原因之一，因为过去看的是"景"，而如今看的是"人"。除了数据之外，这些年中国的访日游客出现了"散客"多于"团客"的现象，换句话说，恰恰是因为散客的激增，所以会经常看到手拉很大旅行箱的中国游客排队等公交车，或者在便利店问路，甚至连东京商业大楼的门卫也说有越来越多的中国游客来问路。当然，这一现象不仅仅是大都市特有的，包括这回我们在北海道就看到不少中国的散客，大家在住宿的旅馆与日本服务员的笔谈交流给我留下了很深的印象。所谓"散客"，用日语说就是"个人旅行"，无论是行程安排，还是时间把握都比较松弛，与旅行团相比，跟普通日本人的交往自然会增加。从过去关注"景观"到现在开始关注"人"的这一变化，也许就是日本旅游深化的一个表现。这一点应该引起日本政府观光部门的注意，尤其是制定 inbound 对策的时候。

《莫言·北海道走笔》封面

中国访日游客中"散客"与"团客"的比例（2016年各季度）

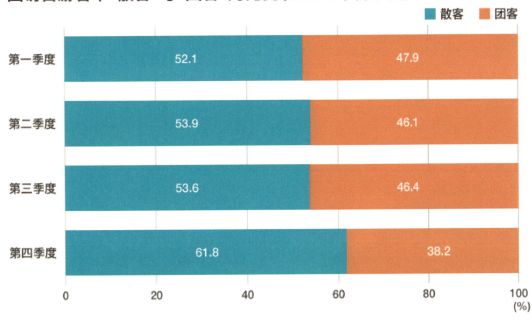

■ 散客　■ 团客

第一季度	52.1	47.9
第二季度	53.9	46.1
第三季度	53.6	46.4
第四季度	61.8	38.2

0　　20　　40　　60　　80　　100
　　　　　　　　　　　　　　　　(%)

※日本观光厅 访日外国人消费动向调查（快报）

以下四个故事都是发生在这回北海道的旅途中，从苫小牧的北国马场主题公园开始，到札幌啤酒博物馆和西山制面厂，以及道东的十胜川、阿寒湖、摩周湖、知床 FUREPE 瀑布、网走监狱博物馆等许多地方，一路下来，我们面对面采访了许多日本人，事先没有脚本，全是临场的交谈，很直接，很多细节，与周围的景观融为一体，令人难忘。

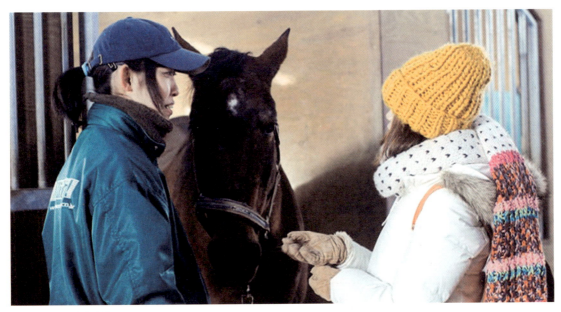

马场女孩胜文子奈希（左）

北国马场主题公园

　　当天抵达新千岁机场后，我们是直接驱车前去的，快要到马厩的时候，一名青年女子手牵一匹高头大马向我们走来，白雪与马厩屋顶的红凸显她绿色的工作服，而接下来的场景让我们的记者很感动——这匹马的马头始终依偎在她的肩头，轻步前行，犹如与她同时在欢迎我们一样。这个场景出现的时间并不长，也许还不到一分钟，但那种悠然与优雅一下子让我们旅途的疲劳消解了，而且是无声的，同时也是无法言喻的。青年女子叫胜文子奈希，她从小就喜欢动物，如今能与这些马在一起相知相识，她觉得非常开心。她是我们这回采访的第一个日本人，对她来说，这也许是普普通通的日常生活片断，但对我们而言，她与马平实的相处与没有喧嚣的瞬间恰恰是最有魅力的。

西山制面

　　这回采访的目的之一是了解北海道人，为此选定了几家企业，制面厂就是其中之一。一碗面用的全是北海道生产的面粉，以鸡蛋面为特色，除了在日本国内销售，还积极推广到了欧美和东南亚，在我们聆听了西山隆司社长的介绍以及参观了制面工厂之后，大家应邀到拉面烹饪室品尝拉面，这时我们发现一个年轻人默默地为我们下面，不说话，每个动作都很娴熟流畅，而且很精心。后来，我们才知道这个年轻人是西山社长的儿子，当记者问他未来的梦想是什么的时候，他平淡地回答："我要去美国当西山拉面的老板，这是我从小就有的梦想。"听罢，记者十分感慨，因为她采访过很多日本年轻人，给人的印象总是没什么"气力"，只想过好眼下的日子，看不出什么进取心，而这位年轻的西山君在平淡中表达了他的坚定志向，几乎是脱口而出的。

阿寒湖温泉

当天我们是在一家阿伊努族料理店吃的午饭，店名叫"PORONNO"，女主人叫乡右近富贵子，是一位阿伊努族音乐演奏家，墙上挂着她年轻时的大海报，当我们问这海报上的人是不是她时，她说："是我，我也有那个时候。"说完，轻声地笑起来，笑得很温暖。这份温暖让人了解到她对阿伊努音乐的热爱，室外零下 12 摄氏度，白雪皑皑，店内有一个火炉子，热气盈满室内，在我

们要离开时，她告诉我们："现在到这里来的中国游客越来越多了，很多人不仅喜欢这里的风景，而且还开始喜欢上了我的音乐，这真的让我很开心。"店内播放着她的音乐，很柔润，很治愈。我们的女记者当场买了她的 CD，跟她说："认识你真高兴，我回中国后会认真听你的音乐，让自己心静。"

札幌闹市薄野

他是一位中年日本人，我是在一家小酒馆跟他认识的，当时外面的气温还是零下12摄氏度，中年人说他冬季没什么事情干，打算到暖和点儿的东京闯闯看。我问他："有没有什么家业？"他沉默了一会儿，答道："我可不想继承我父亲的那个行当，整天给马装马蹄铁。"装马蹄，实际上是一门深奥的学问，当然，这样的话题是不用我提醒的，中年人从小看着他父亲为马装蹄，嘴上说不愿意，但话一说多，他还是流露出对父亲的羡慕，北海道牧场的男人很多都像他这样的性格，嘴上埋怨，但心是暖暖的。为马装蹄最重要的是把握好马蹄边儿的位置，因为马蹄铁是用金属做的，必须用钉子钉进去，一旦钉进去的角度发生了偏差，那就很容易钉到马蹄的神经上，马会受伤。中年人告诉我他的父亲为了把握好马蹄边儿的位置，经常抱一床被子住到马棚里，有时还对着马嘀嘀咕咕，也不知道他跟马都说了些什么。到了第二天清晨，马要装蹄了，按理说，这要靠人用力拢住马腿，叫它动弹不得，然后安静地装上马蹄铁。可到了他父亲这里，没等马蹄铁拿出来，那匹马就慢悠悠地走过来了，对着他的父亲鞠躬，把马蹄亮出来，表现出十分亲昵的样子，然后，他父亲一个人就把马蹄铁给它装上了。我问中年人："这么神奇呀，难道你不喜欢马么？"中年人叹了一口气，抽了一口烟，声音低沉地说："倒也不是，我父亲给马装了一辈子马蹄，可由他装蹄的马从来就没赢过一场赛马，老跑老输，有人怀疑他老是想着马怎么舒服怎么装，根本就没想过赢。""能有这样的事儿？"听了他的话，我多少有些怀疑。中年人不说话了，一直到我要离开小酒馆的时候，他忽然说："我这人虽然不跟马打什么交道，但我儿子发誓要继承他爷爷的事业，他上小学六年级了，到了夏天，天天跟他

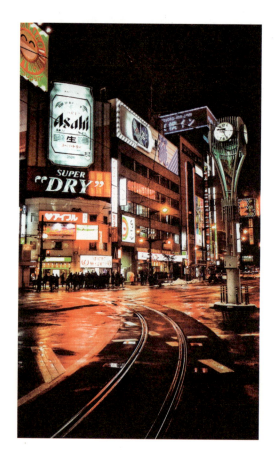

爷爷睡马棚！"说完，中年人坐回到座位上继续喝他的酒，而我，一个人推开小酒馆的门走回了饭店。

上述的四个实例也许是我们了解北海道人的一个过程，其中没有什么波澜，都是些平平淡淡的事情，这让我想起小说《火花》的作者，芥川文学奖得主又吉直树。《火花》的中文版是我翻译的，为此跟他在2017年6月一起访问了上海，途中他告诉我，当他写第二本小说《剧场》写不下去时，他一个人去了北海道，直觉那里的体感不同，很静很顺，想写的东西能一气呵成。

这话说起来也怪，但不知为何，我对北海道的印象跟又吉直树是完全一样的。通过人与人的了解，找到彼此之间的共同感应，也许正是这个时代赋予我们最丰富的内容之一。

知床及其周边，秘境之秘

孙小宁 /text

我对知床及周边地区有无限的好感，却一直没有写过它们。十三年前没有，这次想写，也觉得不那么容易。首先知床就是北海道最奇幻的地方，该地名在阿伊努语中是指"大地的尽头"。宣传短片中称它为白色的幻想之地。白色主要指的是冬天的知床，事实上别的季节它都色彩绚烂。

一个紧邻着鄂霍次克海的地带，有着我在南极才看到的景象——浩瀚海面上漂浮的季节性流冰，海里出没着鲸鱼、海狮。山林湖海间，一些野生动植物，映现出远古人类尚未踏足时的生机。在此，你不用特别费劲，就能看到林间的熊、鹿，湖上的天鹅，还有湿地上翩翩起舞的丹顶鹤。知床周边还有许多山，其中一座硫磺山，我曾两次走到其火山口附近。黄色的硫磺结晶体，凝结在山岩之中，从它下面多喷出灼热的白气，人站在旁边，宛临仙境一般。如果，味道不是那么难闻的话。整座山附近，都弥漫着一股臭鸡蛋的熏气，而这恰恰能唤起记忆。十三年前造访，这里有一对卖硫磺煮蛋的老夫妻，沧桑的容颜让每个人感动，进而尊敬、怜惜。这次故地重游，作家毛丹青又展开想象力，说要是现在还遇上卖煮蛋的，说不定是他们的儿孙。那就有故事可讲了。

事实上没有。我们去的那天，硫磺山下只有像我们这样的游客。硫磺山不算高，仰头即见峰，回身俯看远方，只觉四野广阔，天地茫茫——用这个意象来解读"知床"也是对的，尤其是用中文来解读，那的确是能唤起人无限觉知的"大地之床"。

是的，如果你只是生活在城市，即使也有四季流转、春花秋月，你仍然得面对高楼大厦、地铁电车之类不是吗？大地的身形隐埋于地下，大部分人对自然的感知，只靠户外的一段路程而已，而在知床，你是如此清晰地看到山脉的走向——甚至不用看地图，只需望向那山上的松林。它们此刻被白雪覆盖，却又显露出似褐色铅笔勾描的轮廓。山如果是一匹雄健的马，它们就是马身上的鬃毛。不，我必须说那就是一副古画，有些像清代龚贤的笔法，荒寒而浑然，没有烟火气。

道路自然也开到了这里，但都依着自然之形而筑，崎岖蜿蜒，有着最自然的曲线。你甚至可以感知到地壳内部的起伏，这使你觉得自己就是在与原始的大地共振，毫无违和感。

在知床，如果车的右侧是连绵起伏的群山，那另一侧一定是浩瀚的鄂霍次克海——此时还不到它出现流冰的季节，所以依然能看到蔚蓝无垠的海面。"鄂霍次克海"，同行的年轻伙伴，终于透过片假名的假相，一个音一个音，拼出它的正确读音，之后惊讶不已，他觉得，这个地名本该是靠近俄罗斯那边啊，怎么就在日本看到了？如此，地理课本上的知识，就真切地落到了实处。如此，再想想加藤登纪子那著名的《知床旅情》，"遥远的国后岛"其实并不是那么遥远啊。就连鄂霍次克海的流冰，都是从阿穆尔河经俄罗斯水域随季风吹来，这世界的广阔与相连，原本就是自然之奥义。只是因为人划定了疆域，所以有这样那样的纷争。当我紧盯着自然博物馆中一张主题为"流冰的一生"的地理图表时，就闪过了这样的思绪。但这只能是一闪而过——在知床的旅途当中，你无法进入深沉的思索，因为路上总有许多小惊喜在等着和你相遇。

比如，车开着开着，路旁的林间，会跑出一两只鹿来，那么淡定地停在路中央，并向着你的来路张望。这时车只能减速，再减速。而待你反应过来此时不按快门更待何时，它们已经敏捷地闪身逃开。惊鸿一瞥，说的就是我们这些久活于城市的人所不能常见到的精灵。惊喜还包括，当你小心翼翼地踩上离知床并不远的阿寒湖结冰的湖面，准备走向阿寒岳时，低头一刹那，又不禁蹲下身来，为了那些没有重样的绝美的冰花，你想久久留驻。而在同样离知床不远的摩周湖，我清晰地在同行者的瞳孔，看到那醉人的"摩周蓝"。那一刻，多么奇幻，我们都拥有了蓝宝石般的眼睛。

　　很多这一带的自然奇观，其实还不得见。秘境毕竟是秘境，你怎能一次看尽？最壮观的海上流冰，我是在同行者的手机里看到。她曾经在某年的二月来过此地，坐着破冰船，拍下了那些图景。我对她说，要说这是在南极拍的，也可乱真啊。当然，南极之冰是千年之冰，而这里的是季节性的，正因为有这样的差别，知床的流冰才显得更似幻境。像大自然的一场奇梦，醒来后一切即空。

上冰
海流

知床的自然博物馆，为我们展示了更多的秘境图景。我看到那只被称为"知床守护神"的鸟，有着令人惊异的巨大身姿，英文写作"fish owl"。我还看到"相泊"这样的地名，指示着路的尽头。明明是尽头了，却又说，这里还有渔民生活。博物馆里还展示了一张熊皮，姿态仍像活着一样，卧伏于长凳之上。看着不怒而威，我欲躲，同行的人却对我说，不，这里写的是：不要无视地走过。原来这是只林间母熊，它有一天突然闯到人们居住的市街，在被人驱赶的过程中不幸丧生。知床早已不是无人居住的荒原，但也仍然要面对这样一类选择题。当你面对这张完整的熊皮，既恐惧又怜惜。我终于鼓起勇气摸了摸它，因为英文的提示更直观，用的是一个祈使句：请触摸一下我。

围绕着知床沿线，还能遇到日本最神秘的一个少数民族。阿伊努人，区别于你在日本任何一个地方所见到的大和民族的面孔，他们一看，就带有少数民族部落的气息。十三年前，我们造访过一个阿伊努民族村，穿着鲜艳阿伊努服饰的男男女女，为我们在大房子里表演歌舞。户外的杆子上，晾着处理完的鱼干。那是都市族很难一见的风景。我们和他们的首领合影，只因为他长得老帅老帅的。

有关他们的来历，我从来没搞清楚。网上只见廖廖数语，且都千篇一律。我甚至记不清，哪个日本作家曾经写过与阿伊努有关的小说。后来在一本美国人所写的日本历史的著作里，我看到相关的描述："德川幕府时期，另一个边缘部族是虾夷人，他们可以说是日本列岛最早的原住民。在德川幕府以前，他们一直居于本州岛最北部及虾夷一带。在德川时代人口约 2.5 万，大部分以渔猎为生。松前藩位于北方最前沿，一方面与虾夷通商，另一方面亦监视他们的活动。在各种边缘部族中，虾夷人的地位最模糊不清，德川幕府不把他们当作文明教化的日本子民，但亦未把他们视为蛮荒外人。"这说的是公元十二世纪到十九世纪之间，之前，之后呢？文字阙如。

幸运的是，我们这次的道东之行，依然有与阿伊努人相关的内容。在离知床不远的阿寒湖边上，有一个民族工艺村，有一溜儿阿伊努的传统木雕在售卖。我们一家一家看去，最后在一家阿伊努风格的餐屋就餐。餐屋很小，气氛却很浓郁。我穿过两排餐桌间狭窄的过道向卫生间走去，只几步路，身上心里就已落满他们的音符。那是全方位的浸润，从里到外。音乐是女声的哼唱，低回细碎，像人在你耳边絮语，并且回旋不停，以至于我自己像着了魔一般，出来就问柜台里的店家：这个音乐从哪里能买到。店家女子——这时才看清，她是这店的主人也是唯一的服务生——回答道，门口就有。店家女子乌亮的头发，一身蓝素，双眸淡定。墙上有一张招贴画，正是她低头弹琴的样子，那张琴，也为阿伊努所独有。墙上还有另一张乐器图，长条的小木片上面，挖了浅槽。我们向她请教名字，她说了，却没被我们记住。事实上，记名称不如记音色。我只记得，她拨动那木片上一根细绳做的弦时，整个空间都充满了泛音。如此简单的造型，材质也像从林子里随手拾起的一般，以至于让我相信，碟机里女声的哼唱，也只不过是亲人间的聊天，并没有很深的字词之意。我后来买走的 CD 中的音乐，依然是这个类型的。简单的说明只告诉我，唱歌的是祖母和三个孙女，其中一位孙女，就是眼前这位店家——乡右近富贵子。看她的长相与落落大方的待人接物，如果是在札幌那样的城市遇到，你真不会想到她是阿伊努人。而她自己也说，虽然通过旅行到过很多地方。但终究还是回来了，她还是想把阿伊努文化传承下去。

伊人

阿努

短暂的时间，并不能让我们了解她太多。就像这个只卖木雕手工艺的民族工艺村，其实并不能传达这个民族更多的信息。但这同样是不能强求的，比起自然的秘境，更难踏入的是人类心灵的秘境。尤其是这类人数越来越少的部落民族。

在我带走的两张 CD 里，我甚至不能判断她们唱的是日语还是阿伊努语。我后来知道，尽管阿伊努语在很多的北海道地名上都打下了烙印，但是我登藻岩山的时候，那里的地名解释已经告诉我，虽然源于阿伊努语，但已经与日语融合。也就是说，你仅通过现有的地名，是不能追溯阿伊努语的原义的。如果语言是通往心灵秘境的道路，那这条路显然也早已被阻断在历史的中途。

有意思的是，一旦意识到这个问题，我反而更能感到阿伊努的无处不在。

偶尔翻一本日本学者所写的有关空海法师的书，那上面拐弯抹角，竟然也写到空海法师和阿伊努族的关系。"吾父佐伯氏，赞歧国多度郡人。"佐伯氏从哪里来，"今天的学界已经比较清楚，佐伯部是 5、6 世纪时被大和朝廷所征服，成为俘虏的虾夷（阿伊努人）。"

虽然言之凿凿，但我也不想以此来解读阿伊努人。我情愿以眼前的女子为浮想对象，回想她的从容与淡定。以她的见识与阅历，她原本是可以留在繁华都市的，但却在此守着一家小小的店，伴着祖母留下的歌。我们走时想让她送我们一句阿伊努谚语。她想了想，拿出一个木片。那上面写着一句话，翻译出来就是：上天给我们的东西，没有一样是不好的。这句话很打动人，以至于我离开了好久，依旧在想着它的含义。

59

北海道
"旨味"

| 吴勇 | 本文内容曾收录于北京人民广播电台交通广播 FM103.9《一起午餐吧》节目 |

　　食物会把土地与这片土地上的人紧紧地联系在一起，这片土地也会让食材传递出很直接的信息，所以你对自然有一份坦诚之心，你就可以发现食材的精彩之处。然而很多食物之所以会打动人，不仅仅是建立在味道与美学的标准上，而是建立在一个心理学的范畴中，人与食物之间会有一种特别微妙的关系，这其中体现的是一种十分重要的价值与心境。

北海道的人

毛丹青，著名旅日作家，神户国际大学教授，除了教学和写作之外，他致力于中日之间的人文交流。十多年前他将莫言、余华等人的作品推介到了日本，还曾带着日本著名作家大江健三郎来到莫言的老家过中国的春节，加深彼此的了解，交流彼此之间对于生活的认知与感受。今天的午餐时间，我们就在毛丹青教授的北海道采风之旅中来感受一下那里的食物给人带的微妙的幸福感。

中央
批发
市场

　　这里是北海道札幌市中央批发市场边上面向市民的场外市场，每天早晨六点，市场的拍卖一结束，从北海道各地刚捕捞的海鲜产品就会陆续摆到这里的摊位上。

　　对于渔市场，毛丹青教授有一种特别的感情，在日本三十年的生活当中，从一名留学生到做鱼虾生意的商人，最后又弃商从文，开始了一名中国人用日文创作的文学生涯，他说人生最有意义的点，也许不是在起点，不是在终点，而是在转折点。也许就是在这样的转身过程当中，能感受到更多的生活细节，也能带来最深刻的体会。

我所追求的风景也好，日常也好，人生的所感所悟也好，都是超越国境的，他不是因为一个民族或一个国家，而是一种人和人之间的交往带给我的感悟。多看我们身边的事情，珍惜我们身边所发生的一点一滴，不忽视日常生活带给我们的一些感念。只有当我们把很多现实当中被忽视的细节积累起来的时候，我们才会看到一个万花筒。认识你的意义远远高于表达我自己，因为我知道，了解别人是丰富自己的智慧，也是增强自己的想象力。

像我这样在日本生活三十年的人，接触了大量日本普通的老百姓，我觉得他们身上有很多值得我们去发现、去珍惜、去借鉴的地方，给我们留下很多印象深刻的瞬间，然后这些瞬间会在你的记忆当中发酵，在你未来的生活中，当碰到了同样的或者不一样的场景，你可能会瞬间想起来。我们在追求的一个共同点就是作为在这个世界上生活的个人来说，与他人所共有的情怀，共有的信念，共有的执着，等等。我觉得这可能在未来的很多年以后依然会不断地被人寻访、称赞。

对生活的描写，绝不是琐碎的堆砌，而是通过了解他人丰富我们自己的智慧。十三年前，我带着中国著名作家莫言曾经行走过一次北海道，莫言说，窃以为世间旅游观光圣地，吸引游客的除了美景美食之外，还有美人。这里的美人并不是指美丽的女人，也并不是指人的美好外貌，能够久久地慰藉旅人之心的还是当地人民表现出来的淳朴、善良、敬业等诸多美德，所以再次来到北海道，我依然关注的是这里的人。

说到在日本吃拉面，面对用机器压出来的面条，可能你会不禁一笑，中国人做面条讲究的可是手上的功夫。日本的面条源于中国，二十世纪初由当地的华人餐馆肇使，当地人通过对其味道的改良，逐渐演变成了这样一碗家常的拉面，当地的一家百年制面企业——西山制面的社长介绍了札幌人引以为傲的，用北海道生产的面粉、鸡蛋和纯净的支笏湖湖水做成的面条。

《莫言·北海道走笔》内页

　　拉面引进到日本之后，人们按照当地的风土人情开始改良，其中一个口味就是味增拉面。那时候札幌人就开始在拉面里加上味增。日本人特别喜欢味增，尤其北海道又是味增的产地，所以他们就想象着把味增放到拉面里面会是什么样的味道。在东京，也许人们不会有这个想法，他们顶多是用味增做成味增汤来喝。在札幌，在味增还没有被放入拉面之前用的已经是非常浓郁的骨汤，加上大蒜、辣椒粉，再配上蔬菜和肉，就变成了一碗非常浓郁的札幌拉面，所以札幌拉面的特色是味道浓厚。当然水对制造拉面最重要的，可以说是灵魂，这是从支笏湖那边取过来的地下水，一直运到这边来的。

　　不论是东京的酱油拉面，博多的骨汤拉面，还是北海道的盐味或味增拉面，与中国不同的是日本拉面的特色在于汤头。与日本其他地方的拉面相比更为独特的是，札幌的味增拉面里充满着人们与这片土地的心意。

65

　　一般情况下，如果我发现了一个很好的味道，可能我会保密。比如说厨师，他们中间都会有老师傅，味道也有秘传的。但是札幌拉面不是由师傅传下来的，札幌拉面形成的背景是周边吃过的人都是师傅。想出一个好的吃法来，做好之后就拿出来，问问那些去过中国的人，让他们尝一尝，看这个面怎么样，好不好吃，听取食客们的意见，不断丰富和改良札幌拉面的味道。所以说食客就是师傅，没有那种日语所谓的"师匠"，没有秘传。我觉得札幌的几代市民都参与了对这个味道的评估。

　　再来说拉面面条的弯度，拉面为什么不是直的而要变成弯的呢？首先札幌拉面是粗的，放到浓厚的汤里面，很热很滑，用筷子夹起来吹一吹，面很容易滑下去。怎么样能够让客人吃得舒服，面不会掉下去，不会打滑？做拉面的人就想到，给面加一些弯曲度是不是就比较容易吃了，这是那时候我父亲与札幌的一家金属机器厂家一起想出来的好主意。

　　人们打开自己对于世界的认知，少不了美食的元素，恰恰是因为味道，让我们发现了自己，所以说心中那种复杂的难以言表的感情，也可以通过食物表达出来，比如说那一点乡愁。"三方六"就是北海道东部十胜川生产的一款充满故事的点心。

西 山 社 长：

柳月解说员　**小 林**：

　　"三方六"这个点心，它的由来大概要追溯到一百多年前，当时北海道还属于开拓时代，有很多人为了追求梦想来到了十胜这片大地上，然后勇敢地面对大自然。在这个非常寒冷的地方，为了取暖，从山上砍来的木柴，成为生活中不可缺少的资源，而从山上砍下来的木柴必须要砍成三方六寸这个样子。

　　为了纪念开拓时代人们的艰辛与付出，后人就将这个三方六寸的柴火状的蛋糕取名"三方六"。用黑巧克力和白巧克力铺在最外层，做成了白桦树树皮的模样，木柴的感觉更加逼真。从远处看，把几块合成一块的话就像一棵树的样子，这是有北海道风情的点心。

　　即便是心中有着千山万水，但总会有那样的一种味道会让你在喧闹的市井中，寂寞的屋子里，感到一种宁静而甜蜜的回归。乡右近富贵子在东京、大阪闯荡之后，还是回到了家乡——属于自己的阿寒湖畔。北海道东部的阿寒湖畔，生活着原住民阿伊努人，同样是阿伊努族的乡右近富贵子在这里开了一家介绍阿伊努族文化的料理店。

吴勇：

你这个小店开了有多久了？

富贵子：

这家店从我父母那一代就开始经营了，到今天已经 40 年了。

吴勇：

40 年了！你为什么坚持做这个小店，比如说你也可以去札幌啊，东京这样的大城市发展。

富贵子：

这个店不算很大，我也曾经去过东京和大阪工作过，但是呢，我是在这里出生，在这里长大的，还是想回到自己的故乡，而且我也很爱阿伊努文化，我自己是阿伊努人，我把阿伊努当成自己的家。

吴勇：

阿伊努文化有哪些特点呢？

富贵子：

阿伊努文化最大的一个特征就是不管我们身边用的什么东西，吃的什么东西，任何一个东西，里面都有神灵的祝福。

吴勇：

神灵的祝福。

富贵子：

对，所以呢，我们必须要尊重它，我想这一点是阿伊努文化最大的一个特征。

吴勇：

阿伊努人本身的性格特点又是怎么样的呢？

富贵子：

首先我们会很乐观，我们也喜欢唱歌，喜欢跳舞，凡事都有一颗感恩的心。

吴勇：

听说你会演奏一些阿伊努的乐器，你演奏的那个乐器名字叫什么？

富贵子：

阿伊努话说是叫"通格里"。

吴勇：

声音像古筝一样。

富贵子：

对，还有一种呢，名字叫"努克里"，这个就是"努克里"。

吴勇：

啊，那么小啊！来听一下。阿伊努的音乐，都会表达一些什么样的内容呢？

富贵子：

各种各样！有歌唱大自然的，有描述小动物的，还有跳舞的时候的配乐，然后还有表达自己心情的。

富贵子：

我们吃的饮食里面，肉主要是吃鹿肉，鱼也经常吃。比如说我们今天刚刚吃过的这个生鱼片名字译成中文的话就是"姬"，在日语中这个"姬"是公主的意思，公主鳟鱼，姬鳟。

吴勇：

公主鳟鱼。

富贵子：

然后就是山上的野菜。阿伊努文化最大的一个特征就是不管我们身边用的是什么东西，吃的是什么东西，任何一样东西里面都有神灵的祝福。

吴勇：

神灵的祝福。

富贵子：

就是我们必须要尊重自然。比如说这里写着一句阿伊努人的谚语，意思就是上天给我们的东西没有一样是不发挥作用的。

吴勇：

上天赐予我们的万物都会在我们生活当中起作用的。

善寿司是札幌的一家名店，现在给我们做寿司的成田师傅，做寿司已经有 30 年了，他是这家店的店主——75 岁的岛宫勤师傅的徒弟。

吴勇：

做寿司很容易吗？

成田师傅：

非常难的。

吴勇：

难在什么地方呢？

成田师傅：

做寿司难在什么地方呢？做一个跟做一百个都要做成一样的，都要做得非常好吃，重量也是一样的，大小也要一样的。

吴勇：

做寿司做了多久了？

成田师傅：

已经做了 30 年了。

吴勇：

30 年了，现在再做寿司是一种什么感觉？

成田师傅：

做寿司比较难的一点在于每天我都在刻苦学习。

吴勇：

您还要学习什么，您都已经做了 30 年了，什么寿司没有做过呢！

成田师傅：

太多了，太多了！如果我做的寿司是跟十年前一样的话，我的客人是不会满意的，他们会厌倦的。

吴勇：

那您觉得现在做的寿司跟十年前做的寿司有什么不一样的地方吗？

成田师傅：

因为我每天都在想，怎么样能让我的寿司比昨天的更好吃，所以我现在做的应该跟十年前的味道完全不一样。

吴勇：

那什么样的寿司是好吃的寿司呢？

成田师傅：

就是明天一定要比今天好吃才行。

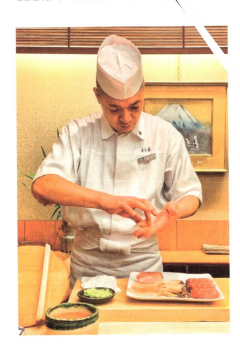

只见成田师傅熟练地用右手从一个木桶中攥起一小团米饭，在手掌窝里微微聚拢，左手同时握一片切好的生鱼片，并将右手的米饭团塞进去……一枚寿司在手中按压，娴熟地在手中交替旋转，与其说是在做一枚寿司，不如说是一次食材在指间的曼妙舞蹈。

島宮勤

善寿司的店主人岛宫勤师傅今年 75
岁，在这个朴素的小店做寿司已经 60 年，
众多的中国影迷所熟知的日本著名演员
高仓健也爱来这里坐坐，而这样的交往
30 年来从未间断。

岛宫勤师傅：

高仓健是我非常好的朋友，高仓健就等于是自己的兄弟一般，像大哥一样的感觉。

岛宫勤师傅：

高仓健最喜欢吃的是中华料理。

吴勇：

那您给他做什么吃呢？

岛宫勤师傅：

他来了以后我给他做寿司，可是我知道他喜欢吃中华料理，所以我就去买牛排做给他吃。

不论是成田师傅娴熟的技艺，还是岛宫勤师傅对小店的执着，都让这一枚寿司的味道更为丰富。不论是食物带来的那一点乡愁，还是食物让我们对一个陌生的环境渐渐熟悉，人生旅途当中，那些纷至沓来的食物，或者形形色色的人物，他们的笑脸，他们的热情都与这片土地融为一体，存入我们的经历当中。用莫言先生的话说"我们与他们中的大多数都是萍水相逢，今生多半难得再见，但他们留给我们的印象和我们对他们的感激，将会伴随我们的一生。"

《莫言·北海道走笔》内页

岛宫勤师傅：

不管是生鱼片还是贝类，切好后，稍微等一下，它会有一种甜的味道出来的。

吴勇：

嗯。

岛宫勤师傅：

其实鱼在非常新鲜的时候呢，它的肉是硬的，是紧张的，稍微过一会儿之后，就会变软。

吴勇：

松弛下来。

岛宫勤师傅：

对！松弛下来。今天进货的鱼我们认为它在哪个阶段最好吃，就把最好吃的部分给客人，比如说金枪鱼，刚刚杀了的时候，那个鱼是不好吃的，要过两三天才是最好吃的时候，所以每种鱼好吃的感觉都不一样的。

吴勇：

那您肯定是掌握了很多鱼在什么时候吃最新鲜好吃的方法。

岛宫勤师傅：

是的，我是知道的。

吴勇：

在北海道，您做的寿司跟其他地方的寿司有什么不太一样的地方？

岛宫勤师傅：

日本是一个面积狭长的国家，每个地区的鱼的种类、鱼的特征都不一样，北海道有北海道好吃的鱼，东京有东京好吃的鱼，福冈也有福冈好吃的鱼，那对我们来说的话，就是把我们当地的鱼最好吃的那种味道呈给客人。北海道的鱼拿到福冈去的话就不好吃了。

吴勇：

那您能给大家推荐几种在北海道最好吃的鱼吗？

岛宫勤师傅：

冬季螃蟹最好吃，北海道现在正是冷的时候嘛，鱼在冬天为了要抵御寒冷，身上会有丰富的油脂。其实不管是螃蟹也好，鱼也好，此时都会很好吃。

毛丹青：

"我们每一次来见到的人，用日语表达叫"一期一会"，就是说你一生中可能只见到他们一次，但是他们会给你很多印象深刻的瞬间，这些瞬间会在你的记忆中发酵，当你碰到了同样的场景，你有可能瞬间回想起他们来。这些丰富了我们的想象力，也丰富了我们的智慧。

北海道·风土志

自在大地

区域简介：

　　札幌是北海道道厅的所在地，同时也聚集了北海道三分之一的人口，是北海道政治、经济、文化中心。是集便利的城市机能和丰富的自然环境于一身的美丽都市。市内有北海道开拓时期的古老建筑，市郊有能够一览夜景的展望台和治愈身心的温泉乡。札幌市也聚集了全北海道的美食，为时间不够充裕的旅行者们提供全面的味蕾享受。

关键词：

札幌拉面

　　札幌拉面始于日本大正时代，最初主打酱油拉面，昭和三十年后开发的味增拉面广受好评后，人们开始有了"札幌拉面就是要加味增"的概念。

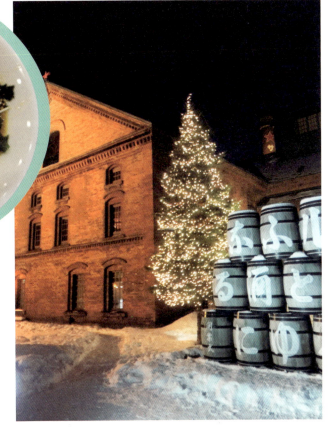

啤酒博物馆

　　原札幌啤酒厂现已改建为札幌啤酒博物馆，这里不光可以了解札幌啤酒的历史，还可以品尝不同时期的札幌啤酒。

白色恋人主题公园

如果和孩子一起来札幌，白色恋人主题公园也是个不错的去处。集"吃""看""玩"为一体的巧克力工厂似乎更像一个梦幻的世界，还可以在这里买到独家限定的纪念品。喜爱巧克力的人一定不能错过。

定山溪温泉

定山溪温泉位于札幌市中心向南 25 千米，除了享受温泉，也可饱览自然风光。当然，温泉旅馆的美食，我想你也一定不愿意错过。

观光建议：

　　由于札幌市区内的主要景点相对集中，可以 JR 铁路
札幌站为起点徒步观光。如果只想欣赏主要景点，只需
要安排半天的时间，如果想欣赏近郊风光，可规划两天
一夜的行程。

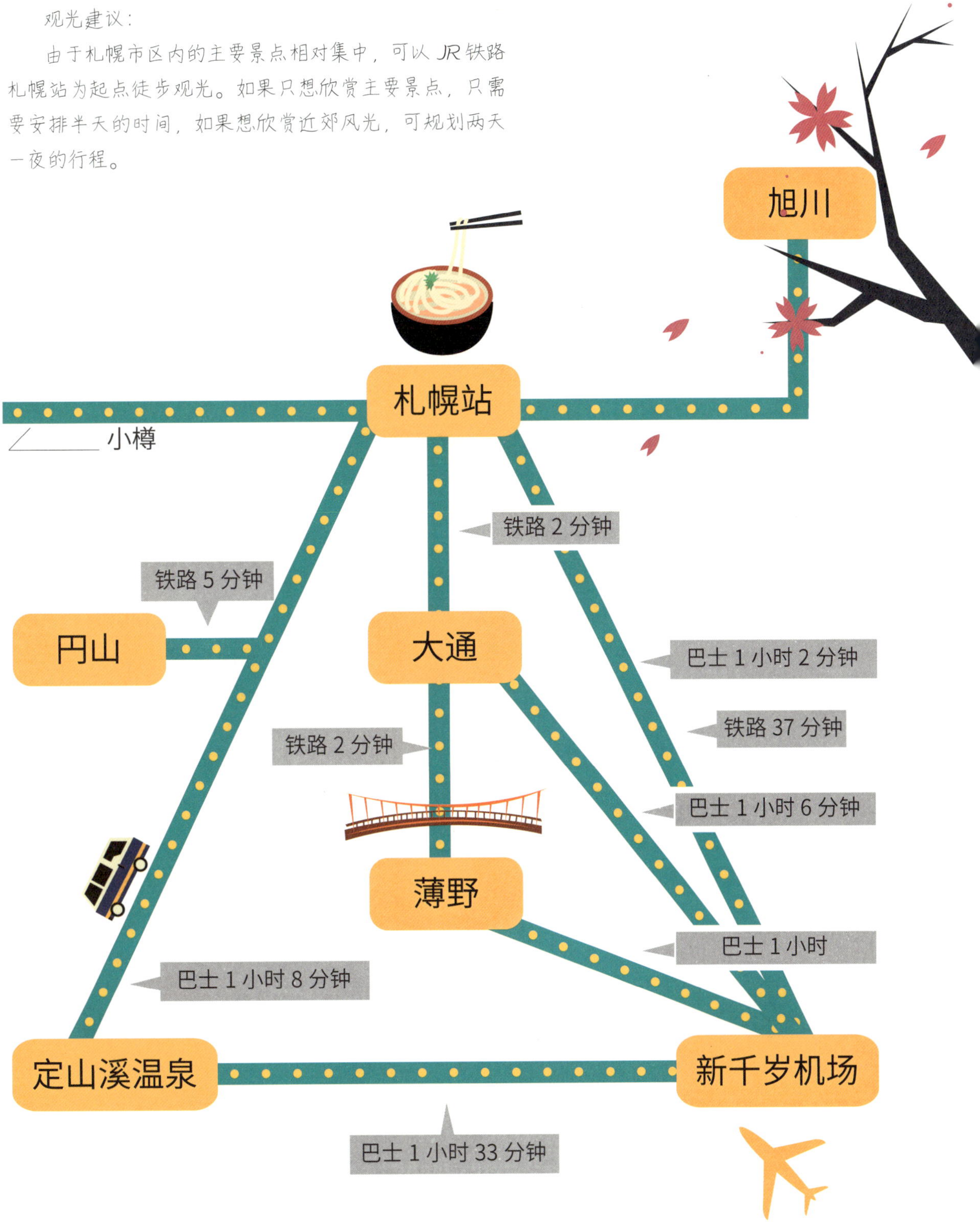

旭川

札幌站

小樽

铁路 2 分钟

铁路 5 分钟

円山

大通

巴士 1 小时 2 分钟

铁路 37 分钟

铁路 2 分钟

巴士 1 小时 6 分钟

薄野

巴士 1 小时

巴士 1 小时 8 分钟

定山溪温泉

新千岁机场

巴士 1 小时 33 分钟

旭川

02

区域简介：
　　位于北海道中央地区，是仅次于札幌市的第二大都市，拥有日本知名的旭山动物园，每年可招揽约 140 万游客。同时，日本最大的国立公园大雪山国立公园也在这里，是日本最早看见红叶和初雪的场所。

关键词：
旭川动物园
　　日本最北端的动物园，以奇特的展示方法赢得了游客的青睐。其中最著名的"企鹅散步"只在冬天可以看到。

层云峡温泉
　　位于大雪山国立公园的玄关处，是极具代表性的温泉地。

观光建议：

　　*JR*铁路旭川站前有通往机场和旭川动物园的巴士，是适合开始旭川之旅的起点。主要景点相对分散，建议多留出路程上的时间。

网走

层云峡

巴士 1 小时 50 分钟

巴士 35 分钟

旭川

旭川动物园

铁路 35 分钟

巴士 35 分钟

巴士 40 分钟

美瑛

旭川机场

巴士 16 分钟

铁路 1 小时 25 分钟

铁路 43 分钟

上富良野

十胜岳温泉

巴士 45 分钟

札幌

带广

巴士 2 小时 28 分钟

富良野

带广·十胜

03

区域简介：

广袤的十胜平原，为北海道乃至全日本提供了丰富粮食和乳制品。十胜地区有知名的乳制品和甜点，也有世界上稀少的植物性褐炭温泉。带广市便是参观十胜地区最方便的入口。

关键词：

柳月 Sweetpia Garden

柳月品牌于 1947 年诞生于北海道带广地区，以点心"三方六"为代表在北海道点心品牌中成功突围，是带广地区极具特色的甜点品牌。柳月 Sweetpia Garden 集工厂和店铺为一体，不仅可以参观工厂，更能够购买到新鲜出炉的甜点，甚至可以预约亲手制作。

甜点

十胜出品的甜点十分有名，不少知名的品牌均是"十胜制造"。在十胜，你可以买到种类齐全的甜点，还可以体验甜品制作。

十胜川温泉
　　被认定为北海道遗产之一的植物性褐炭温泉，
盛传为"美人之汤"。

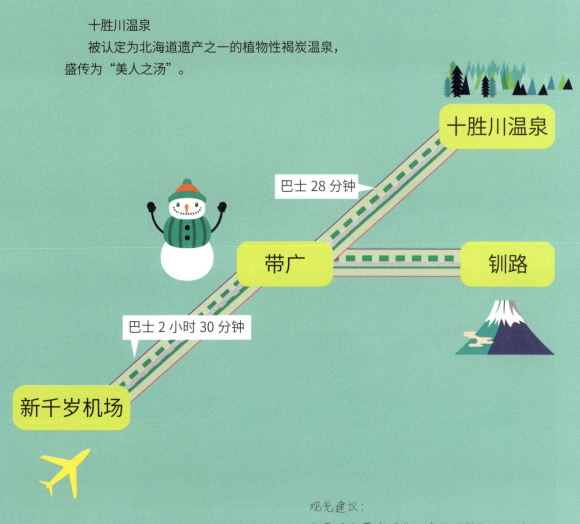

十胜川温泉

巴士 28 分钟

带广

钏路

巴士 2 小时 30 分钟

新千岁机场

观光建议：
　　如果只在带广观光，建议时间在四小时以
内，可在温泉乡留宿，也可以直接在温泉观光
中心进行体验。

钏路

04

区域简介：
　　北海道东部最大的都市，渔业兴旺。这里是知名料理"炉端烧"的发源地，也是可以吃到新鲜海鲜的地区。临近阿寒湖与摩周湖，也能够近距离感受阿伊努文化。

关键词：
阿寒湖
　　特别的自然物种绿球藻生长的神秘之湖，拥有道东著名的阿寒湖温泉，也是阿伊努文化的中心地带，可近距离体验神秘的阿伊努风情。

图1　冬日阿寒湖　图2　摩周湖

摩周湖

全日本透明度最高的火山湖，由于当地经常大雾弥漫，因此流传着看到放晴的摩周湖的人，很久之后才会结婚。若是恋人一起看到则会分手的传说。

北见薄荷纪念馆

　　享誉全日本的北见薄荷，如今更是成为游览北海道必不可少的伴手礼。来到北见，不妨去参观一下这个曾经承包了全世界百分之七十的薄荷加工的工厂吧。

北之大地的水族馆

　　冰雪覆盖的北之大地中诞生的淡水水族馆。其独特的地理因素让这个温馨的水族馆成为世界上唯一一个能够观赏到冻结的冰川之下的鱼儿游动景象的水族馆。

硫磺山

　　至今仍然喷射热气的活火山，可以一窥大地的能量，附近的川汤温泉也是该区域歇脚的好地方。

观光建议：

　　该区域景点分散，建议安排两天或以上的时间游览。

推荐游览时节为 5 月至 11 月。

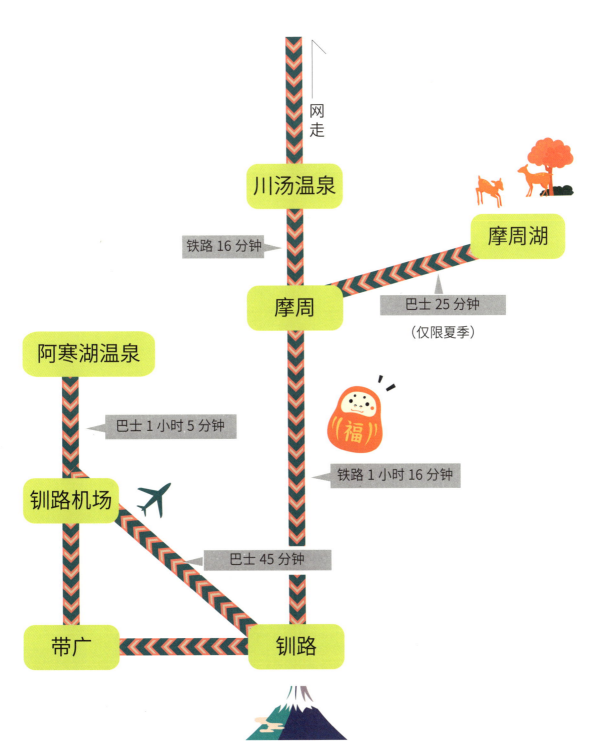

网走

川汤温泉

铁路 16 分钟

摩周

摩周湖

巴士 25 分钟

（仅限夏季）

阿寒湖温泉

巴士 1 小时 5 分钟

铁路 1 小时 16 分钟

钏路机场

巴士 45 分钟

带广

钏路

网走

05

区域简介:

　　网走是鄂霍次克海沿岸最大的城市,拥有奇特的网走监狱博物馆。冬季以流冰景观而闻名。邻近被列为世界自然遗产的知床区域。

关键词:

网走监狱博物馆

　　沿用了明治末期使用的网走监狱建筑群,介绍独特的监狱内部构造和北海道开拓时期的历史,同时也是日本重要的文化财产之一。

图1　网走监狱博物馆食堂，可体验当年的牢饭

1

流冰馆特色海盐冰淇淋

鄂霍次克流冰馆
　　展览流冰和鄂霍次克海生物的设施，能够在非流冰的季节里体验真正的流冰。

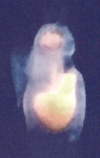

Tips：
　　1 月下旬至 3 月上旬，可乘船体验真正的海上流冰，需提前预约，体验时间为45—60 分钟。

图 1　流冰馆展出海洋生物 clione 裸海蝶

观光建议:

参观网走地区主要景点建议安排在四小时以内,知床地区的推荐游览时期为 4 月至 11 月,建议观光时间为一天。

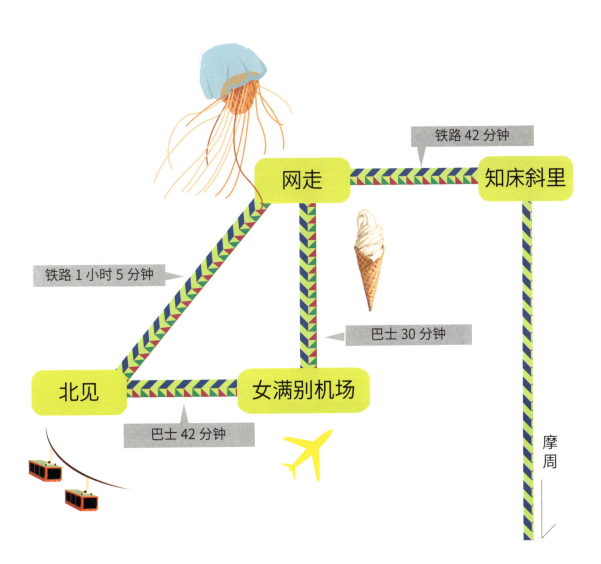

铁路 42 分钟

网走

知床斜里

铁路 1 小时 5 分钟

巴士 30 分钟

北见

女满别机场

巴士 42 分钟

摩周

函馆
06

区域简介：

　北海道西南部重要城市，是日本首个国际贸易港湾。
市内保存着大量明治时期的建筑群。从函馆山眺望可见
的迷人夜景也使函馆成为了北海道极具代表性的观光
都市。

关键词：
夜景
　函馆山是可以眺望被誉为世界
三大夜景的函馆夜景的最佳去处。
随着季节和时间的不同，可以欣赏
到"雾夜景""朝夜景""冬夜景"
等不同风格的奇妙景观。

五棱郭

　　明治维新历史爱好者的推荐去处，这里是幕末英雄土方岁三活动的舞台，也是日本首个西洋式城郭。同时，这里也是北海道最佳的赏樱地点之一。

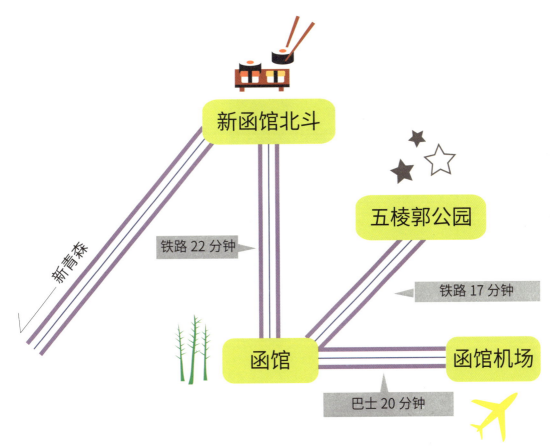

新函馆北斗

新青森

五棱郭公园

铁路 22 分钟

铁路 17 分钟

函馆

函馆机场

巴士 20 分钟

观光建议：

　　为了品味夜景，建议安排两天一夜的行程。

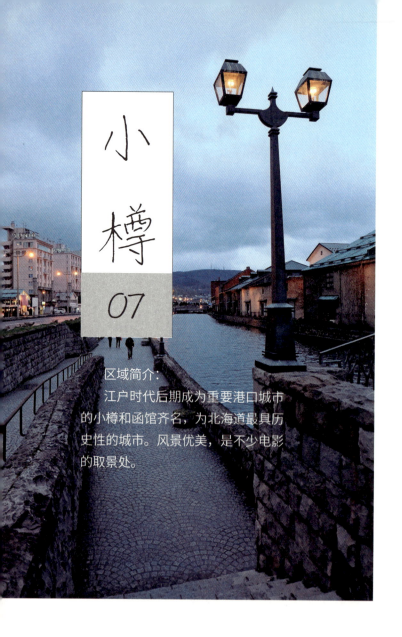

小樽
07

区域简介：
　　江户时代后期成为重要港口城市的小樽和函馆齐名，为北海道最具历史性的城市。风景优美，是不少电影的取景处。

关键词：

小樽运河

北海道唯一且最古老的一条运河，约一百二十多年历史。如今仍保留着建于明治、大正时期的石造仓库，被改建为餐厅和商店使用。

图1　由运河仓库改建的餐厅"北海"

田中酒造

是小樽当地最悠久的清酒作坊之一，田中酒造的工厂龟甲藏是明治三十八年左右建造的石造仓库建筑，也是小樽市的历史性建筑。作坊常年对外开放，可参观酿酒过程并试饮。

北一哨子

"哨子"就是玻璃，是小樽最为出名的产业之一，其中北一硝子是历史最悠久的品牌之一。小樽的观光购物街堺町通一带就有好几家北一硝子的店铺及美术馆，由于商品多数禁止拍照，你可以亲自前来参观，挑选工艺品。

地酒

"地酒"指的是在特定地区内酿造的当地的酒。北海道的酿酒史始于小樽，若是对清酒有兴趣，不妨在小樽品尝当地的醇香吧。

純米吟醸酒
小樽美人

Junmai Ginjo
OTARUBIJIN

大吟醸生原酒
初戎

Unpasteurized Daiginjo
HATSU-INU

純米大吟醸
宝川

Junmai Daiginjo
TAKARAGAWA

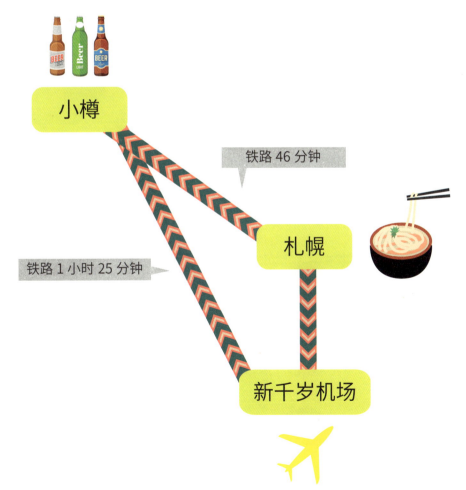

小樽

铁路 46 分钟

札幌

铁路 1 小时 25 分钟

新千岁机场

食之旅

北海道是一个"美食王国"，不少区域都有许多当地特有的美食。因为北海道面对着鄂霍次克海、日本海和太平洋，所以一听"北海道美食"，大家都会自然地想到海鲜了。然而除了新鲜渔获外，还有其他特色北海道食品也堪称人间美味！札幌市是北海道的首府城市，如果你的时间不够，那么就可以选择在札幌及附近品尝美食，能够在短暂的旅游日程中吃到北海道各个地方的美食。而如果你想畅游北海道，那么其他区域的美食，也能让你大饱口福。

01

札幌周边
觅食计划

1970 年诞生于札幌的汤咖喱，进入 21 世纪后摇身一变，成为了北海道特产之一，不同于传统日式咖喱，汤咖喱就如同其名一般，"汤"内搭配蔬菜、海鲜和肉类。在札幌的中央区内，不少知名汤咖喱店都值得品尝。

主食：汤咖喱

推荐店铺：奥芝一ル	地址：札幌市中央区南 2 条西 5-3-16
奥芝一ル在北海道的许多区域都有分店，最受欢迎的是以虾高汤为基底搭配大量蔬菜的汤咖喱。	

大肉：成吉思汗烤肉

日本大部分地区并没有吃羊肉的习惯，来北海道吃羊肉，成为了一种新奇的体验。或许是北方畜牧业发达，该地区也有使用铁盘或箅子烧烤羊肉的习惯，被称为"成吉思汗烤肉"。其特色以烤羊肉为主，搭配豆芽菜、洋葱等其他蔬菜提味，加上特制的蘸酱，再搭配北海道人引以为豪的札幌啤酒，享受大口吃肉大口喝酒的乐事吧！

推荐店铺： 札幌啤酒园	地址：札幌市东区北 7 东 9-2-10

　　札幌啤酒园由明治时期的红砖建筑改建，这里不但可以了解札幌啤酒的历史，也有新鲜的成吉思汗烤肉和特色啤酒提供。

推荐店铺： はげ天	地址：带广市西 1 条南 10-5-2

　　带广地区的猪肉品质优良，以当地农家猪肉搭配甜辣酱汁制作的猪肉盖饭，作为北海道知名料理享誉全日本。创立于昭和九年的猪肉盖饭名店"はげ天"，精选霜降猪肉，特制酱汁也从开业时流传至今，值得一试。

カリッとサクサク
深焼シュー

　牛奶和小麦，是甜品不可缺少的原材料，拥有这些的北海道，自然就是甜点的天堂。位于札幌市的"大通 BISSE"，是可以在短时间内品尝不同知名甜点的好去处。该店理念为"充满了北海道的幸福"，就像这个设想一样，是名副其实的甜品广场，您可以现场品尝，也可以选择特产馈赠亲友。有代表性的北海道甜品店为 Kinotoya、Snaffles、Bocca、町村农场等。

甜品：特色乳制品

推荐店铺： Kinotoya 大通 Bisse 店	地址：札幌市中央区大通西 3

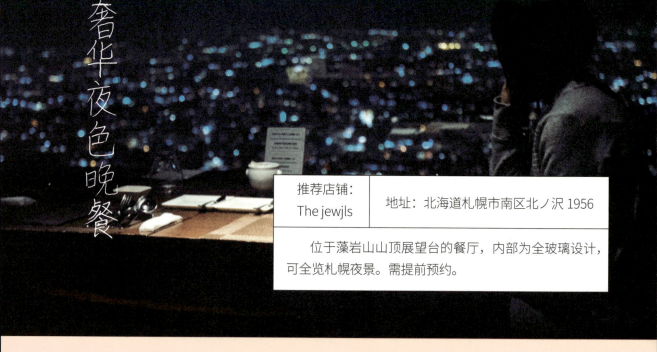

奢华夜色晚餐

推荐店铺： The jewjls	地址：北海道札幌市南区北ノ沢 1956
位于藻岩山山顶展望台的餐厅，内部为全玻璃设计，可全览札幌夜景。需提前预约。	

　　欣赏夜景的同时品尝美味，也是札幌观光的特色。在札幌市内或是市郊的藻岩山，都有位置绝佳的餐厅可以观赏札幌迷人的夜景。

札幌市内酒店推荐

　　札幌公园饭店（札幌パークホテル）：从中岛公园地铁站步行约一分钟。

　　札幌王子饭店（札幌プリンスホテル）：从 JR 铁路札幌站步行约五分钟。

登高一览札幌夜景，藻岩山是最好的去处。藻岩山新型缆车特意采用大片玻璃，让你用 5 分钟登上 1200 米的高空散步，从藻岩山的原始森林，可以看到札幌繁华的街景和远处的石狩湾。

推荐店铺： ミクニサッポロ	地址：北海道札幌市中央区北 5 条西 2
位于 JR 铁路札幌站旁的法国料理餐厅。将北海道当季食材活用于法国料理中，在享受札幌夜晚的同时，能够给予同样品质的高级餐厅。	

海鲜盛宴

说到北海道的美食，当然不会不提海鲜，无论冬天还是夏天，总有种类不同却同样新鲜的海鲜等着你！

推荐店铺： カニ乃家	地址：斜里郡斜里町ウトロ东 78

知床地区渔业兴旺，如果有时间，不妨走得远一些，到知床品味最新鲜的海鲜饭。这里的海胆、螃蟹、鱼子可以自由组合搭配。

推荐店铺： 札幌かに家札幌本店	地址：札幌市中央区南 4 条西 2-11
如果只在札幌市内游玩，依然有新鲜的螃蟹让你大饱口福。螃蟹，就是要在北海道吃才过瘾。	

札幌啤酒，岂只是酒而已

孙小宁 /text

有一天，我的女友幽幽地对我说，跟你吃了那么多次饭，竟然没把你的酒瘾培养出来，不甘心呐。她的理想是：三两个好友，于飘雪的季节，在一间暖室中共饮而至微醺，那是何等逍遥舒爽之境，我却让她一次次失望，可见我对酒是多么地无感。

但我仍然不自量力，想说说札幌啤酒，这当然是在我再访北海道之后。十三年前到底去没去过札幌啤酒博物馆，我记不清了。问过一位当年一起同行的朋友，她说有。还记得后来就餐，是在附近的札幌啤酒园。哦，那就是去过了，因为这次的行程，也是参观完啤酒博物馆，再去啤酒园里吃成吉思汗烧烤。

将啤酒产业的开创史做成一个历史博物馆，让外来的访客参观体验，我不记得在别的国家别的城市是否也会这么做，即使它是一个地方最叫得响的品牌。

都说日本人是以饮清酒著称，可是我确实在很多有日本人在的就餐场合，听他们开口就会问：要不要啤酒？之后才是要不要清酒、饮料什么的。在公认的日本人是英语读音困难户的情况下，啤酒这个词，更接近英语的读音，所以你不会听错。可以说，啤酒是日本人餐桌上的第一选项，点餐时觉得回答麻烦的话，索性先喝一杯啤酒再选别的。

到了札幌，你确实不能无视赫赫有名的札幌啤酒，这是你到了冬日的札幌啤酒博物馆，扑面而来的信息。别无选择，不容置疑。于是，我破例地端起了一杯清冽的札幌啤酒。

在这里饮酒，不只是酒的回味，还有札幌啤酒的别样历史。一回首，竟然可追溯到明治时期。明治二年（1869 年），北海道设开拓使，1870 年，黑田清隆就任北海道开拓使次官，开始整治北疆。1876 年，已成为开拓使长官的黑田清隆，在北海道创建了麦酒酿造厂。由村桥久成作为负责人指挥兴建，中川清兵卫负责设计和设备筹措。该厂为木质结构，占地 416 平方米，成为北海道生产啤酒的起点。

"大麦和啤酒花，经过加工变成啤酒。"这在今天看来是最平凡不过的生产说明，但在麦酒初创时期的北海道，却有着不同意义。且不说传统的日本人并没有饮啤酒的习惯，就是饮啤酒这件事，都还得追溯到明治四年岩仓使节团出访美欧之后。岩仓使节团领军人物为岩仓具视，也是一度出现在日本钱币上的人物，紧随其身后的使节团成员——伊藤博文、大久保利通等，也都是那时的政治精英。他们为谋求日本的富国革新而去看世界，参观的一项内容就是英国的啤酒厂。不是因为英国啤酒好喝，而是因为它可以为一个国家赚取外汇。后来北海道麦酒酿造厂着手酿制啤酒时，采用的不是英国酿酒技术，而是德国酿酒技法，这又和最开始提到的几个人的故事接上了。1848 年出生的中川清兵卫，代表了那个时代年轻人的精神风尚。他从小就对外面的世界有浓厚兴趣，年轻时就在横滨的德国商馆打杂。后来，他在一户德国人家帮佣时，遇到了当时留学柏林的青木周藏。青木此时是幕府派出的公费留学生，他推荐这位年轻人到柏林的啤酒厂学习，待中川清兵卫学习结束归国时，青木已经是日本驻德国的大使。他写信将这位年轻人举荐给北海道的开拓使次官黑田清隆。黑田清隆也是北海道开拓史上举足轻重的人物，他担任开拓使十年，照片上的形象浓眉深目，带有明治时代雄心勃勃要干一番事业的人的一切特征。历史让这几个人在不同的时间点上相遇，映照出一条曲折而又灿烂的札幌啤酒酿造之路，并且可以看到，正因为有中川清兵卫，所以麦酒酿酒厂一开始选用的技术是德国的而非英国的——这个年轻人深知两者的差别，更知道德式啤酒制作过程中需要大量的冰加以冷却，北海道的天气最为适合。

要开创以自己的原料制作出的、属于本土的啤酒，还涉及到啤酒的原料——大麦。北海道的寒冷其实是不适宜农作物生长的，但是有了这群人的雄心与努力，便也自行开发、种植出属于北海道的优质大麦。

关于这一番酿酒的初创历程，札幌啤酒博物馆制作了一部短片，配上日文、英文字幕，我看得一知半解，但最后还是被震撼。那是配乐的功效。啤酒制成那一刻，回旋于大厅的音乐，有如《星球大战》的开篇，激荡耳膜，更让人心颤，此时仿佛不是啤酒的诞生，而是宇宙的初创时刻。

有雄健豪迈，也有自然的柔情。我之所以愿意喝一杯札幌啤酒，也是被一张图片打动。拍的是用来制札幌啤酒的所谓啤酒花的植物，同样属于北海道原生，照片上呈现了它开花结果的恣态，配上的一句日语很动人，称它为啤酒之魂。日本人最爱在物中寻找魂一样的存在。所谓拉面之魂、啤酒之魂，虽然有些用词泛滥，但不得不说，在某种情境下，普通之物也会被赋予神秘的光辉，起码在这里，我第一次把那啤酒花（也称蛇麻草的植物）的形象，深深地记在我脑中的植物谱上。

札幌啤酒的历史并没有在这里止步，之后的展览说明，显示了它不断地往前开拓：为了更好地打响品牌，1899年，它在东京建厂。1900年，其目标已经是海外。到20世纪30年代，它已经远销非洲。之后，产品种类不断添增，还多了清凉饮料……

我大概还是不能像那些老喝啤酒的人那样，一口酒下去，就能品出个中区别。但是我仍然能从不同时期的用以宣传的广告招贴上，认出我熟悉的影星，并且知道，它们大概代言了哪个时代的札幌啤酒。三船敏郎、山崎努，以及西田敏行，还有无数日本的、海外的女星代言不同品牌，可以看到，每一个角色选定，后面都是一番市场调研与目标投向。

如同那部短片的音乐带给人的激荡，这看来是佐餐之用的啤酒，在这里成了开拓奋进的同义词。好像只有勇猛开拓过的男人，才能像广告上的三船敏郎那样，目视前方，默默地大口饮酒。这就是札幌啤酒的带劲之处。

好吧，我承认我依旧属于看酒不是酒的那类。但是，这有什么关系呢？2017年的雪中，当我从札幌啤酒博物馆中出来，我的确不把它仅视为一种酒而已。很多历史信息在我心中交汇，让我知道这酒的初创史后面，那一连串人名。我也第一次知道，这座红砖建筑物顶上的红色五星，是北海道五棱郭的标志，也是北海道开拓使战舰的旗章。

连一杯啤酒里都荡漾着一种奋进与努力，你怎能不把它一口饮尽？

02

花之旅

北海道的山坡和平原每年6月到8月上旬都变身花海。其中最负盛名的花田并不在札幌，而是位于北海道中央，若想要在这个季节一览北海道自然风貌，推荐直接选择旭川作为降落点，然后乘坐铁路，慢慢享受各地的花海。

行程推荐：

美瑛

交通：从旭川站乘坐 JR 铁路至美瑛站后，可步行或租赁自行车、乘坐出租到达观光地。

推荐景点：

青池位于北海道美瑛川左岸，从美瑛站搭乘出租20 分钟即可到达。青池的水含有火山灰中丰富的矿物质和土砂质成分，在阳光的照射下，水中的粒子能反射出各种奇幻的颜色。因此在不同时期，池水可以是深蓝色，可以是鲜绿色，也可以是淡青色。不同的日子里，可以看到不一样的水面。寂静的水面可以看到日本落叶松和白桦排成一行，使其风景更富有神秘感。

tips:

美瑛的花，和广告有那么一些关联，这里的大树、山丘，意外地获得了广告厂商的青睐。

Ken 与 Mery 之树——一颗巨大的白杨树

1972 年，日产公司汽车 Skyline 的广告《爱之地平线》中，男女主角 Ken 和 Mery 以此树为背景进行了拍摄。自此，该树便被命名为"Ken 与 Mery 之木"。

七星（SevenStar）之树——一颗柏树

1976 年，这棵树被印在了日本七星香烟的包装上，因而闻名。它也被命名为"七星之树"。

柔和七星（MildSeven）之丘

1978 年在这里拍摄了日本柔和七星香烟的广告。Mild Seven 之丘上有一片防风林，田园四周丘陵起伏，风景优美。

富良野

交通：从美瑛站乘坐 JR 铁路至富良野站

富田农场

富田农场是富良野最有名的花田，从富良野站步行 25 分钟即可到达。这里种植着以薰衣草为主的 150 种花卉。除了眼观繁花，还可以品尝特色薰衣草味食品。

札幌

如果你的旅途实在没有多余的时间深入北海道中央，北海道的中心都市札幌附近也有不少赏花的好去处。在札幌市的三大公园——大通公园、羊丘公园、百合之原公园里，都可以享受北海道的夏天以及观赏花海。

1

大通公园位于札幌市的中心，名为公园，实际上是道路。从大通西一丁目到大通西十二丁目约长1.5千米，面积大约7.8公顷。每个季节都有不同的活动——春季有丁香节，夏季有露天啤酒节，秋季有北海道美食大集会，冬季有冰雪节等。在大通公园赏花，更多的是在欣赏北海道浓厚的人情，每到夏季，躺在草地上放松一下，看着孩子们穿行于鲜花丛中，实在惬意非常。

　　名为百合之原的公园，盛放着从世界各地带来的一百多种百合，六月中旬正好是百合盛放的季节，不少当地人也会来此观光，是一般游客比较少光顾的景点。除了百合外，六七月也盛放着玫瑰、紫阳花、薰衣草等花卉。如果你希望寻一处人少幽静又风景优美的地方，这里一定是一个好去处了。

冰之旅

　　如果选择在冬天进入北海道的大地，自然不能错过北海道的漫天白雪了。除了自由奔放的雪景，如果你喜欢经能工巧匠之手创作的冰雪天地，那就一定要找准时间，去瞧一瞧北海道的"冰雪节"了。最有名的札幌冰雪节，其实分为三个会场，但具体的时间都不一样，所以想去冰雪节的旅行者们一定要提前留意日程。除了札幌之外，小樽的冰雪节也别有情调。两地举办的时间差不多，如果算好日程，可以在一次旅行中体验两种不同风情的冰雪节。

札幌冰雪节

札幌冰雪节，主会场位于市中心。无需长途跋涉，就能够开心玩雪！

2019 年最佳旅行时期：	2 月上旬
大通会场，薄野会场：	2 月 4 日至 11 日
TSUDOME 社区体育馆会场：	1 月 31 日至 2 月 11 日

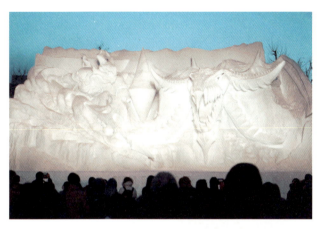

札幌雪景

大通会场&薄野会场

位置：札幌市中央区

交通：从札幌站出发，进入地下步行街步行 10 分钟。

中央区会场攻略

大通公园横跨 12 条街，每个地区都会摆设不同主题的雪雕，也有专门卖让身体暖和的特色食物：北海道咖喱饭、热红酒、炸土豆等，可以一边吃点东西一边漫步看看雪雕。晚上的 Projection Mapping，也很有气氛！

汤咖喱&调味品

TSUDOME 社区体育馆会场

位置：TSUDOME 社区体育馆会场（札幌市东区荣町 885-1）

交通：乘坐地铁东丰线至荣町站后步行 15 分钟

TSUDOME 攻略：此处可体验竹橇滑雪，还有除雪机体验、冰杯制作、雪之迷宫等。注意保暖。

※ 去 TSUDOME 会场主要是为了尝试雪道滑梯和雪橇体验，带小孩去比较适合。

大仓山

位置：札幌市南区

交通：札幌站→滑雪场（巴士一个半小时）

大仓山位于札幌市中央区，临近北海道神宫。这里曾是札幌冬季滑雪运动会的练习场地，有高 90 米的滑雪道，设施完备，是冬季滑雪的理想地点。从海拔 307 米的起跳地点，也可望见札幌市及石狩平原的全景。

费用：大人 500 ～ 9400 日元；儿童 500 ～ 3500 日元

小樽雪灯之路

小樽著名的那条运河，在冬天依然富有生命力。沿着运河，在夜晚享受融于雪中的灯光与星光，是适合情侣的浪漫之地。

位置：运河会场 & 手宫线会场

交通：札幌站→小樽运河站（巴士一小时十分钟）

2019 年举办时间：2 月 8 日至 17 日 17：00 ～ 21：00

温泉之旅

在冰天雪地里泡温泉，一定是个不错的体验。北海道既拥有美丽的白雪，也有滋润的温泉。来北海道进行一场温泉之旅，一定是非常特别的体验。

127

十勝川温泉

交通

1. 冬季限定开放东北海道周游巴士，可在网站预约，于新千岁机场或 TOKACHI 带广机场坐专门巴士直达十胜川温泉乡。
2. 乘坐电车至带广站，换乘出租车 20 分钟到达。

温泉特点

日本的温泉大多是由火山地热产生的矿物温泉，而十胜川温泉却与此不同。这一代在远古时期是长满芦苇的湿地，经过长年的堆积，形成了植物性褐炭温泉，是北海道名泉之一。

泉质·功效

泉质：钠氯化物，碳酸氢盐泉（弱碱性低张性高温泉）
功效：缓解神经痛、肌肉痛、淤青、慢性皮肤病、慢性妇科病、烧伤等。

十勝川温泉第一ホテル　　十胜川温泉第一酒店

　　既可住宿，也可直接享受温泉的酒店，拥有两种不同的露天温泉，酒店顶楼还设有足浴区，可观赏到十胜川白鸟大桥的风景。此外，也可在奢华的温泉套间内享受私密的温泉体验。

ガーデンスパ十勝川温泉　　gardenspa 十胜川温泉

　　集温泉、市场、体验工房和餐厅于一体的全新设施。温泉区可着泳衣进入，是情侣或全家一起享受温泉的场所，比起温泉包场，性价比更高。

川汤温泉

交通

从钏路站或网走站乘坐 JR 铁路钏网本线抵达川汤温泉站。

温泉特点

川汤温泉位于日本最大的火山口湖屈斜路湖和以湖水透明度闻名世界的摩周湖之间，地底的温泉涌出河面后形成了蒸汽迷蒙的景象，因而命名为"川汤"。从川汤温泉街步行 30 分钟可抵达著名景点硫磺山，川汤温泉的泉质也受其影响。

泉质·功效

泉质：硫磺质温泉
功效：光滑肌肤，缓解皮肤病、妇科病，增强免疫力等。

川湯第一ホテル忍冬　川汤第一酒店忍冬

　　以"悠然舒适"为经营理念，力求为旅客营造舒适宁静气氛的旅店。在和风基调上添加西洋氛围的精油，打造完全放松的空间。

知床温泉

交通

乘坐 JR 铁路到达知床斜里站后，乘坐巴士抵达宇登吕温泉巴士总站。

温泉特点

面朝鄂霍次克海，眺望远处的渔船和浪潮，收获满满的自然能量，是集观景与身心放松于一体的极致感受。

泉质·功效

泉质：盐化物泉（中性等张性高温泉）
功效：缓解神经痛、肌肉痛、疲劳、慢性皮肤病、慢性妇科病等。

北こぶし知床ホテル＆リゾート　知床格兰酒店北辛夷

　　将知床的自然理念融入酒店设计，既可以眺望壮阔的鄂霍次克海，同时可以体验天然温泉。无论冬夏，风景一样迷人。

层云峡温泉

乘坐 JR 铁路到达旭川站后，乘坐巴士可到达。

温泉特点

层云峡因大正时代的文豪大町桂月于《中央公论》上发表的文章而闻名全日本。层云峡温泉也成为了北海道的代表性温泉之一。该温泉无色无味，对皮肤刺激较少，适合肌肤较为脆弱的老人和小孩。

泉质·功效

泉质：单纯温泉
功效：缓解神经痛、肌肉痛、肩痛、腰痛、关节痛等。

推荐旅馆

層雲閣グランドホテル　　层云阁大饭店

层云阁大饭店是层云峡温泉街内年代最悠久的温泉旅馆，最初的老板也是层云峡温泉的开拓者之一。旅店被美丽的自然风光环绕，可以在旅店的露天温泉近距离接触大自然。

定山渓温泉

交通

由新千岁机场或 JR 铁路札幌站乘坐地下铁至真驹内站，然后乘坐巴士抵达。

温泉特点

距离札幌市最近的温泉乡，如果时间充裕，甚至可以住宿在札幌市内当天往返体验温泉。

泉质·功效

泉质：盐化物泉
功效：缓解关节痛、痔疮、慢性消化疾病，消除疲劳、增强体力等。

推荐旅馆

定山溪ホテル花もみじ　　定山溪花红叶酒店

设施齐全的老店，设有三种大浴池和三种包场浴池，
还拥有定山溪温泉开泉当时就有的定山溪名汤"鹿之汤"。

孙小宁 /text

在定山溪，
我是一只幸福的迷鹿

但凡一个问题在体验的过程中问出，给出的答案都未必周全。我们在北海道旅行，且行且住。辗转过两家温泉旅馆之后，一路陪我们的日方工作人员，可爱的小丸子（她的外号）便挨个向我们征询意见：觉得哪家温泉旅馆你最喜欢？

我答的是最初那个，即十胜川温泉。不少同行者附和。大家的意思是一致的：温泉泡得好，不仅是温泉本身，还要有美的环境，而且得是旅馆内外皆美。并不是每家都可以诸美俱全。比如有的温泉旅馆就开在公路边，里面虽然别有洞天，但外面风景就有限。十胜川那家，哪样都没得说。那天一路行至，已差不多下午三四点了。北海道的冬天黑得早，光线到了这时候就开始一点一点往回收。我们住下后马上奔出来，就是被户外的风景吸引。而总是夕至朝发的我们，还真就在这一小阵工夫，看到了十胜川的余晖。

抬头看到不远处的十胜川大桥，我顿时记得上次来过。当时桥下有很多天鹅。现在一看竟然还有，只是形单影只的一两个。桥看着很近，要走依然有一截子路。在雪地里行走，我们多少有些犹豫，因为那两只天鹅，一旦我们靠近，它们肯定就飞走了。但若不靠近，又失去一次近距离拍摄天鹅的机会。有人因此就迈开步了，大部分人随后。天鹅当然警觉地飞走，这是预料中的事。不遗憾，是因为我们很多人，开始在这空旷的雪地里撒欢儿。还有人继续向前，去看桥下的风景。天寒地冻，这里竟然还有一条涓涓细流，在畅快地流动。不结冰，或许是因为地表下面很热？总之在一片雪野中看到一汪清澈的水，衬着河边摇曳的枯草枝条，就像遇到冬天才有的诗意。回到宾馆内，那份诗意仍然时时被唤起，实在是因为，宾馆里面也处处有诗意。

十胜川温泉旅馆泡汤分房间内与公共汤，即使在房间内泡汤，视线依旧可以越过一半的窗格，眺望到远处的十胜川大桥。而到公共汤那边，仍然有我最期待的种种：首先，一条从室内通到室外池的石子路，不长也不短——我总认为这条路不能设计得太短，否则身体就感受不到冬天的寒意，也就得不到室外汤最热诚的拥抱；其次，这是真正的户外温泉汤，头顶上没有任何檐体遮挡，人一踏入，整个身心就沐在了星空之下。泉水柔细温软不说，目光所及之处，池边的石头又都精心设计成石庭的模样。每块岩石自有它的肌理纹路，却又高高低低盛满了落雪，而岩雪的后面，是层林远山。于是，某阵风吹过，树枝摇曳，一定便有雪，一丝丝地拂过裸露的肌肤。这时整个身子因为有水托着，所以不慌不惧。冷了就妥妥地把自己全部埋进一片温热，但很快又开始渴望再来一次冷雪的侵袭。大概所有人都喜欢这温热与冰凉交织的感觉。不是说别的温泉旅馆不提供这种感受——冬日泡温泉，大概都是冲着这个去的。只是不同的温泉旅馆围于不同的条件，并不能带给人这种独享于天地间的自在、舒适与从容。当然它们也许给了别的感受，在这儿先不提及。

定山溪温泉馒头

144

所以，这时必须回答，为什么行到最后，我非要修正这个答案。就让我说说最后住下的这个定山溪。定山溪温泉离札幌不算远，开车仅一个小时。如此近的地方，却放到了旅行最后，可能是考虑到离机场近的关系吧，但这又像有着某种人生的寓意。仿佛你走得越远，最后才能看到近处的美，且了然到底美在何处。

一进到那开阔的大厅，发现又是故地重访。唤醒记忆的不是别的，而是大厅以及房间里所摆的诱人的馒头。就放在小小的蒸锅里，底下是一点就着的汽炉。旁边还有温暖的一行字提醒：想吃，先热一热。这儿温泉只有公共汤，标注在某一层。我自己的故事就发生在这与泡汤有关的过程中。

首先我必须说明。我是个路痴，不辨东南西北，连带着记不清数字。我们所住的房间号，我其实是用手机拍下了图的，但是如果你要去泡汤，自然手机就不会随身带。吃了晚餐，换了浴衣，我独自去泡汤。因为又是四五个人合住，仅有的两把钥匙不可能私自带走。我于是在离开时，对着屋门，狠狠地记下了四个数字。

温泉照旧好，环境也不错。虽然户外的汤池不是那种完全裸露于天空下，而是在搭建的一座小亭子中，但是视野开阔，岩石围起的汤池中，还有一个池中池。泡完了外汤，再进入池中池，能感到自己像坐在温泉口上一般。水流一股一股作用在身体之上，仿佛上帝在你的身上，做着重新造人的尝试。

我一贪上这劲儿，便有些晚了。真就是在温泉关闭的时间，才离开汤池。这时候需要回房间，当时我仍然自信满满，因为我记得那应该是七层，出了电梯右转就是，走廊的壁龛上还装饰有一幅油画。这个我都记得清清楚楚。

但是，坐电梯直上七层，出来我就有些懵，

在我以为是的那个房间门边上，清晰地挂着两个日本人的名牌。而且房间号，也不是我记下的1709，而是1779。难不成还有一个电梯，通向我所住的房间？我坚定地回身又进了电梯。下一层，出门，换对面电梯，继续按七层。这回，电梯里不止我一人，其他几位都是青年学生，是日本人。

到了七层，我出来，他们也出来。他们进房间，我继续愣在那里。怎么，我又回到了原地，还是1779，里面还走出两个日本女学生。她们看了我一眼，大概没多想，就又进去了。这时，从别的房间走出几位，正是与我一起出电梯的几个学生模样的日本人。他们注意到我的茫然，就过来询问。我只好说，我找不到自己的房间了。我用英语说出那四个数字，其中一位让我等一下。他转身进房间，一会儿出来，手里拿着手机。他对我示意，将房间号输到手机里。我照着做了，却不明白为何。然后就见他蹲下身去，拨走廊里放着的公共电话。他铁定是想帮我了，但对我提供的信息又因为语言障碍有些不清楚。一边打着前台服务电话，一边又回头来问，我报了名字、旅行团之类。顿时觉得平常学的日语不够用啊。这时这一层又有几间房门打开了，出来的几位也注意到我，看着他们手里拿着泡面，我猜是一起旅行的人，正准备集中到一个房间吃宵夜聊天。男男女女，一张张年轻的面孔，他们将我围在中间，我心里一再想着，不用麻烦了，我直接下楼到前台问询就行。但嘴里说出的却是：对不起，给你们添了麻烦。年轻的女孩、男孩用更真挚的热诚回应我：不，没关系的，你很好了。他们的眼神明亮而诚挚，且有温泉里面才能感受到的那一股灼热而温暖的爱。我被裹在中间，不能离开，仿佛一离开就辜负了他们的好意。索性一起共同对付这奇怪的麻烦。

　　很显然，事情依旧没有进展，他们还在继续沟通。但这时，电梯门打开了，我们的工作人员，可爱的小丸子探出头来。她原来是在一楼大厅上网，听到前台电话总在说"中国人""中国游客"，便过去问询，看是不是自己的团员。她和我在一个房间，我们的房间并不在七层，而是在九层。一切只怪我记反了一个数字。1907 被我记成 1709，而奇怪的是，我怎么也找不到 1709，反反复复几次，都停在 1779 门前。但如果不是这样的阴错阳差，我如何又能与一群年轻的日本学生有一次如此温暖的交集？

　　告别，就在电梯口，我说谢谢，他们说不用。那一刻，我们好像共度了很多时光。

　　传说已经有一百多年历史的定山溪温泉，是由一位叫美泉定山的僧人发现。之所以这温泉还被称为"鹿汤"，因为受伤的野鹿在此得到疗愈。汤泉是否有如此神奇的疗效我不知道，我只知道，我在这里，被一种素昧平生的关怀治愈。

　　当然，北海道之行，这不是我第一次迷路。在另一家温泉旅馆，早起我一人出外拍风景，多拐了几个弯就也迷糊过一次。后来是问了一家开门早的小店主人，总算给我把路指清了。心里自是感激，而我之所以把心中的最美献给定山溪温泉，主要还是因为，这里的迷失故事更曲折，所以更能感受到一种持久的善意。

　　路痴的人依旧有勇气远行，大概还是源于心中有一种信任。信任这世界的友善，也全身心地感受过。所以，尽管如画的十胜川留给我无数美的瞬间，尤其是清晨我一个人出来，走得远远的，还拍到过早上初升的太阳。后来的温泉旅馆，也各有擅场，但我还是在最后把答案作一番修改，定山溪的温泉最好，我就是在那儿被疗愈了的迷鹿。

北 国 书 卷

尤雾

文化专栏作家、日本文化漫游者

北海道的大部分地方，我都去过。有时候是走马观花的旅游，但更多时候是无目的漫游。无论到哪里，买一张票就走了，我也不知道会悠悠远远飘到哪里去。

北海道一度是流放犯人的地方，我也常常觉得自己像一个流放者。在这些关于北海道的书中，我们也看到了一个又一个的流放者。这里的人总是生活在别处，各自寻找着自己情感、生命，或者信仰的真正归宿。

[日] 有岛武郎 著

谭晶华 译

诞生的苦恼

上海译文出版社

<table>
<tr><td>Title</td><td>《诞生的苦恼》</td></tr>
</table>

有岛武郎

AUTHOR

　　说到"白桦派"作家，不得不强调其作品中普遍性的宗教情怀。从内村鉴三到远藤周作，日本的基督教作家始终显示出和西欧同类作家截然不同的信仰形态。对于日本的作家来说，对世界和罪恶的疑虑和感知要更为深广，呈现出充满幽暗而扭结的心灵。有岛武郎早年信奉基督教，探讨人的生命忧思，最终情关难过，和情人用生命演绎了一曲命运悲歌。你说他是不是贯彻了"白桦派"写作的始终？理想主义总是拥有一个明亮而敞开的美妙开头，其明亮处恰恰在于此后未知的迢迢长路。《诞生的苦恼》让人想起《圣经·约伯记》里面约伯的抱怨，愿那生我的日都灭没。没有殉情过的人，不会知道殉情的人心中所想。没有死过的人岂可论断死人呢？没有爱过的人，又岂可轻易言说爱情呢？一切都像约伯的遭遇一样，你无法接近，也难以离开。

Title	《蟹工船》
小林多喜二	AUTHOR

　　小林多喜二，1903 年生于秋田，长于小樽。进入昭和时代以后，小林多喜二开始攻读无产阶级革命理论，并开始参加左翼革命运动。1933 年，被昭和当局逮捕并处决。在日本文学的教科书里，小林多喜二和《蟹工船》是一个无论如何都难以回避的存在。在红色运动火热的年代里，这部小说几乎被奉为日本无产阶级文学的最高经典。中国作家夏衍在二十世纪三十年代推介小林作品时给出的赞誉是"日本普罗列塔利亚文学的杰作"，可见其当时的社会意义已经全然超越了文学意义。而今天，其历史意义又全然超越了原初的社会意义。我们可以说这是一部文献式的作品，无论你如何对其文学价值作出评价。

　　小樽是一座非常小的城市，稍加闲走，你不难发现小林多喜二的纪念遗址。要是你曾了解日本劳工运动的历史，或者读过《蟹工船》这部小说，你会发现一个和你现在的眼中全然不同的日本社会，或许也会横生"闲坐说玄宗"的感慨。有些人或许会期待《蟹工船》里的故事会重来，也有人或许会祈祷那一切归于历史的尘埃。谁知道呢！

蟹　工　船
一九二八・三・一五

小林多喜二作

おい地獄さえぐんだで──
函館を出港する漁夫の方言
に始まる「蟹工船」。小樽署
壁に〈日本共産党万歳！〉と
落書きで終わる「三・一五」。
小林多喜二(1903‒1933)の
これら二作品は，地方性と
党派性にもかかわらず思想
評価をこえ，プロレタリア
文学の古典となった。搾取と労働，組織と個人……
歴史は未だ答えず。（解説＝蔵原惟人）

88.1

岩波文庫

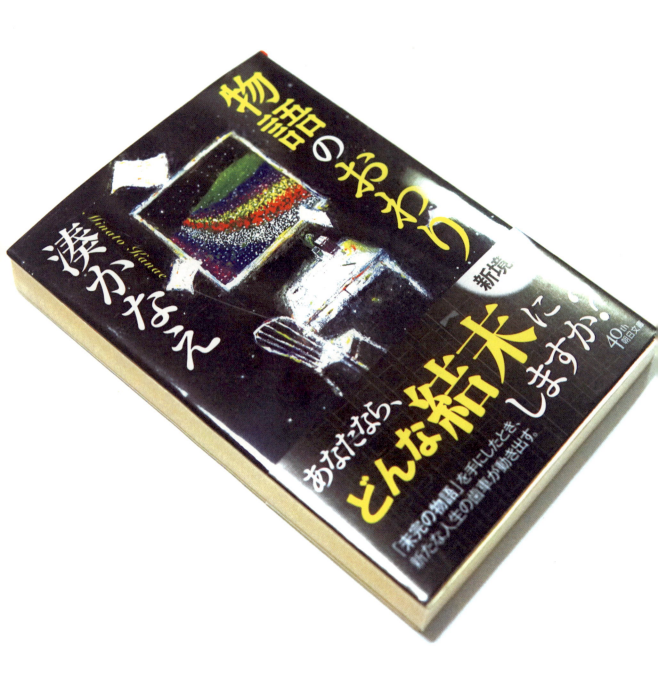

Title	《物语终焉》

凑佳苗	AUTHOR

　　这是一部有颜色的小说集，从富良野的薰衣草花田开始。要是你坐上JR线，到中富良野站下车，你会发现整个小城被薰衣草的紫色所包围。接下来是小樽的日出，摩周湖的深蓝。凑佳苗在这些色彩里加入了一系列未完成的故事，这些故事常常在重要的时候戛然而止，像一段段等待最后一个稳定和弦的旋律。作者试图用这样的方式来演绎年轻人的梦想传奇，也许在暗示某种关于追逐的诱惑，但同时也表明了一种义无反顾的危险。

　　一系列结局不明的小说，却被命名为"物语终焉"——故事的终结，这看上去有些反讽。不过现实总是绵延不断的，每一个终结都是一个未完成的时间，预示了更多的可能性。有不少读者把这些故事看作北海道的旅行指南，因为人们总是知道，旅行是没有终结的，你永远在路上。

Title	《铁道员》

浅田次郎	AUTHOR

  通常来说，《铁道员》会被看成一个温情脉脉且忠于职守的老人在生命最后时分的感伤片段。伴随着一个神秘小女孩的出现，进入了老人亦真亦幻的人生回忆。故事以老人的去世和新任铁道员对工作的接手作为终结。铁路机车在铁轨上的来回往复成为了故事的主要背景，象征了时间的不断循环。然而，正在这种时间的往复循环之中，另一种不可逆的命运进程也在暗地里逐渐发生。

  在故事里，北海道的幌舞车站和诸如札幌之类的大城市如同一对关于时间的比照对象。一个是不断回归且一直重现的乡下小站，另一个则具备各种未知性，是充满奇迹和神秘的现代空间。在《铁道员》的故事里，这样的两类象征到处可见。当你离开原初的记忆越是遥远，记忆的力量却显得越为鲜明，而这是我们不可扭转的命运。《铁道员》的故事之所以动人，恰恰是读者们总是能从其中看到一种和自己类似的处境，这常会让人充满感伤。

Title	《情书》

岩井俊二	AUTHOR

  《情书》的显赫知名度让我们不必去重新讲述里面的故事了吧。岩井俊二的电影是九十年代一代人的青春记忆，和今天的文化相比，那时候的时代精神充满节制化的忧伤。在《情书》的影响之下，札幌附近的小镇小樽成为了世界级的旅游景点，几乎在每一本日本景点介绍的书中都要强调这是电影的拍摄地，更有无数游人来到小樽寻找电影的记忆。

  其实何止是电影的记忆，更是我们自己的时光记忆。和小樽这座城市一样，《情书》的故事轻盈且干净，这是我们想象中记忆的形态。像一座天空之城，没有沉重感，漂浮在空中，你需要去仰望。在《情书》的故事里，重力变成了一种冗余的存在。我们的记忆里总是辗转沉淀着各种挥之不去却又压抑着我们的事物，然而《情书》却书写了一个事关纯粹记忆的童话故事。这个故事，你得到小樽去寻找。

Title	《泥流地带》

三浦绫子	AUTHOR

　　要是你到北海道的旭川，你一定会知道那里的拉面享有盛名，你或许也会去旭川动物园看企鹅，不过也请你记得，那里还曾有过日本最重要的女作家三浦绫子。北海道是三浦绫子作家身份中的一个标签，另一个核心记号就是基督教。和其他日本的基督教作家一样，三浦绫子致力于探讨人性中的罪，同时也表达出了对世界的爱和宽容。

　　1922 年生于旭川的三浦绫子在 1963 年写作了小说《冰点》，使她在文学上获得崇高的声望，但她的其余作品也同样值得认真关注。《泥流地带》把人放置在灾难的处境之中，像《圣经》里的约伯一样，你又将怎样来面对继续的生活？事实上现代生活常常用技术化来掩盖生活的荒谬本相，现代都市和面对灾难的应对机制使得我们遗忘了自身的真实处境。从这点上来看，三浦绫子更值得让我们把她当成一个真正的伟大作家，去认真加以阅读和关注。1999 年，三浦绫子病逝于旭川，在媒体举办的"日本人最喜欢的作家"评比中，她获得了第七位。

Title	《魂断阿寒》

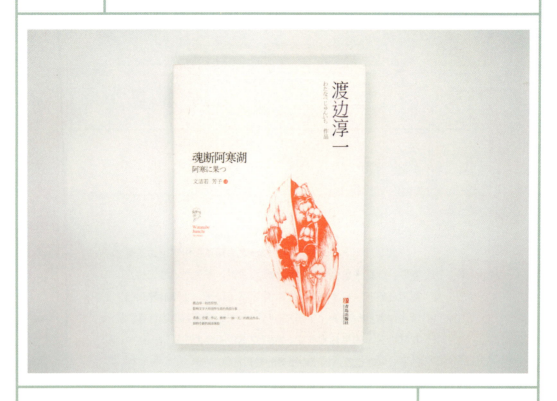

渡边淳一	AUTHOR

　　渡边淳一，1933 年生于北海道砂川市。作为日本当代最具影响力的作家之一，他的小说以描写当代男女情爱为主，在爱情和欲望之间寻找人性的真实感。从《北海道物语》到《魂断阿寒》，渡边淳一的很多作品都以其家乡北海道作为背景。对于现代的日本来说，北海道是一个异质性的地点。一方面，这是阿伊努族人世居之处，同时北海道的全面开发相对日本历史而言也是晚近之事。和那些发生在东京或京都的爱情故事相比，北海道的凄美爱情传奇蒙上了一层不同于都市情感的神秘光晕。因此，相隔函馆和青森的津轻海峡成为了很多日本作品里的情感想象。在《魂断阿寒》的故事里，人性的幽暗气氛显得诡异但真实。谁都以为死去的少女所爱的是自己，那个阿寒湖边的亡灵在北国的冰雪中被凝固成了一幅爱情的图腾。虽然最终人们发觉她迷恋的只是自身，但这个答案岂非依旧流于世上的人们的自我想象呢？人心人情如阿寒湖，温柔壮美，你却找不到生命的温暖。渡边淳一的每一部小说，总是在反复讲述这个主题。